Rolf-Michael Hahn
Nicolai Stickel

Die Kraft
des Wortes

Entdecken Sie die Möglichkeiten
der Kommunikation und
sprengen Sie die Grenzen

Die Deutsche Bibliothek – CIP-Einheitsaufnahme

Hahn, Rolf-Michael:
Die Kraft des Wortes : entdecken Sie die Möglichkeiten
der Kommunikation und sprengen Sie die
Grenzen / Rolf-Michael Hahn ; Nicolai Stickel. – Landsberg
am Lech : mvg, 2001
  (mvg-Paperbacks ; 08693)
  ISBN 3-478-08693-0

© 2001 beim mvg-verlag im verlag moderne industrie AG & Co.
KG, Landsberg am Lech

Umschlaggestaltung: Vierthaler & Braun, München
Satz: Fotosatz H. Buck, Kumhausen
Druck- und Bindearbeiten: Ebner Ulm
Printed in Germany 08693/3013802
ISBN 3-478-08693-0

INHALT

VORWORT

"Das Menschlichste, was wir haben, ist doch die Sprache" sagte Theodor Fontane. Aber wie gehen wir heute mit ihr um! Zwar hat sich unsere Gesellschaft nun endlich der militärischen Diktion des letzten Jahrhunderts entledigt, gleichwohl lauern heute neue Gefahren.

Vereinfachungen, Abkürzungen und sonstige Einengungen sprachlicher Tiefen- und Breitendimensionen sind das Ergebnis zeitgemäßer Kommunikation in einer mobilen Gesellschaft mit globalen Märkten und internationalen Geschäften. Hinzu kommt die geringe Bedeutung, die der sprachlichen Ausbildung in den letzten Jahrzehnten zugebilligt wurde. Und die bereits hörbare Verkümmerung unserer sprachlichen Fähigkeiten wird durch die „Vereinsamung vor den Bildschirmen" noch verstärkt.

In unserer schnell veränderlichen Welt werden zwischenmenschliche Beziehungen und menschliches Verhalten immer wichtiger. Dies gilt ganz besonders für alle vernetzten Organisationen, in denen viele Einzelpersonen gleichzeitig über große Distanzen schnell miteinander kooperieren. Hier wird die richtige Kommunikation zum Erfolgsfaktor.

Aber wie kommuniziere ich richtig mit Menschen? Zuhören und Verstehen sind ebenso entscheidend wie der richtige und der Situation angepasste sprachliche Ausdruck. Die entsprechenden Kommunikationsdefizite im Management sind allerdings erheblich.

Die Führung von Menschen war schon immer eine Sache des Wortes. Die Stiftung von Sinn und das Vermitteln von Visionen erfordert einen verständlichen sprachlichen Ausdruck, verknüpft mit überzeugendem und inspirierendem Inhalt. Angesichts der komplexen gesellschaftlichen und technologischen Herausforderungen müssen unsere Führungskräfte in Politik und Wirtschaft sich stärker der alten Tugend der Rhetorik bemächtigen, um alle Menschen anzusprechen. Dabei wird das Sinnhafte, das Menschliche und das Emotionale eine bedeutende Rolle einnehmen. Bei bekannten Rednern der Antike können wir lernen. Von Cicero stammt der Ratschlag, eine gute Rede bestehe aus Begeistern (delectare), Bewegen (movere) und Belehren (docere), also zwei Dritteln Gefühl und einem Drittel Fakten.

„Die Sprache ist der Atem des Geistes". In diesem Sinne wünsche ich den Lesern entsprechende Einsichten bei der Lektüre dieses Buches und beim Erkennen eigener sprachlicher Fähigkeiten.

J. Menno Harms,
Vorsitzender des Aufsichtsrates der
Hewlett-Packard Deutschland GmbH,
Oktober 2000.

EINLEITUNG

Oder: „Wie kann ich sie denn nun erlernen – die Sprache der Sieger"?

„Nicht die Dinge ändern sich; wir ändern uns."

Henry David Thoreau

Kennen Sie das folgende Gefühl? Sie arbeiten seit langer Zeit an Ihrem Meisterstück, der Diplomarbeit, dem Gesellenstück, einer Präsentation, einem Bericht, einem Aufsatz – oder einem Buch. Sie versuchen sich in die Haut derer zu versetzen, die über Ihr Werk urteilen werden. Sie stellen sich Fragen, versuchen Erwartungen zu erahnen und Reaktionen abzuschätzen. Dann ist es soweit: Ihr selbstgebautes Schiff wird zum ersten Mal zu Wasser gelassen. Wird es schwimmen, hat es Lecks, wird es anderen gefallen? Wie lange wird es sich auf dem Meer behaupten können? Die Welt bekommt das Schiff zu Gesicht. Meister und Werk stehen nun im Mittelpunkt von Lob und Kritik. Und da überkommt Sie dieses Gefühl von Macht und Ohnmacht zugleich. Mächtig und stolz fühlen Sie sich, weil Sie mit dem Ergebnis den Prozess verbinden: all die Mühe, der ganze Aufwand, die Höhen und Tiefen der Entstehung, bis nun der große Augenblick gekommen ist. Aber auch Ohnmacht kommt ins Spiel, weil Sie Ihr Schiff nun endgültig zu Wasser gelassen haben. Es ist nun dem Urteil der Außenwelt ausgeliefert, sanftem Wellengang oder harten Brechern. Sie können nichts mehr verändern, Ihr Werk – und damit auch Sie selbst – sind verletzbar geworden. Kennen Sie dieses Gefühl?

Jeder Autor erlebt mit seinem Werk diesen Prozess. Nach dem dritten Buch ist dies schon kein unerwartetes Gefühl mehr, und dennoch ist die Spannung auch diesmal wieder groß. Unser letztes Buch, „Die Sprache der Sieger", hat uns

– das Autorenteam – überrascht. Nicht nur, dass das Werk in einer weiten Presselandschaft besprochen wurde und sich prima verkauft hat – darauf hofften wir und dies freut uns. Nein, es waren im besonderen die Leserreaktionen, die uns viel Lob und manche Anregung lieferten. Und eine dieser Fragen war: „Ich habe nun viel über die Sprache der Sieger gelesen. Aber wie kann ich sie denn nun erlernen – die Sprache der Sieger?"

Im ersten und im letzten Teil des Buches „Die Sprache der Sieger" greifen wir die Frage auf: „Ja, wie ist sie denn, die Sprache der Sieger?" Eine klare Antwort auf diese Frage vermisst der kritische Leser allerdings durch das gesamte Buch hinweg. Klar wird jedoch, dass es nicht die *eine* Sprache der Sieger geben kann, denn sie ist vor allem persönlichkeitsorientiert, sowohl den Sprecher als auch den Zuhörer betreffend – und damit individuell.

Zwei grundsätzliche Fragen sollten jedoch beantwortet sein, wenn Sie eine, oder besser, Ihre eigene Antwort auf diese Frage finden wollen:

1. Wer sind die Sieger?

Sieger werden an ihren Ergebnissen und Erfolgen gemessen. Unsere Sieger sind demnach Menschen, die ihre Sprache so einsetzen können, dass sie ihr Ziel erreichen.

- Sieger sind Sprecher, deren Zuhörer verstehen, was sie sagen wollen.
- Sieger sind Diskussionsteilnehmer, die anderen ihre Meinung deutlich machen können.
- Sieger sind Familien, die es schaffen, Sprache für ihr tägliches, harmonisches Zusammenleben zu nützen und sie nicht zum Anlass von Missverständnissen und Streit werden zu lassen.
- Sieger sind Menschen, die es verstehen, eine bereichernde und respektvolle Beziehung zu leben (dank oder trotz der Sprache).

■ Sieger sind Bewerber, die den Job bekommen (obwohl oft nicht der Beste eingestellt wird, sondern derjenige, der zu kommunizieren vermag, dass er das geringste Risiko darstellt).

■ Sieger sind Mitarbeiter, deren Arbeitsergebnisse als Erfolge betrachtet werden, weil sie es verstehen, diese richtig darzustellen.

■ Sieger sind aber auch Väter und Mütter, die mit ihren Kindern sprechen wie mit Menschen und nicht wie mit kleinen, niedlichen Tieren.

2. Was ist Sprache?

Sprache ist mehr als ein Paket von Informationen, das von A nach B geschickt wird. Sprache ist mehr als eine Fülle rhetorischer Tricks und Fertigkeiten, die den Inhalt schöner verpacken. Unsere Sprache spiegelt den zwischenmenschlichen Austausch, der viel mehr bewirkt als einen Transport von Nachrichten. Sprache – wenn man sie verstehen und für sich nutzen will – beginnt lange, bevor ein Wort gesprochen ist. Und Sprache endet erst lange, nachdem ein Wort verstanden wurde. Wer Worte hört, nimmt sie auf, verarbeitet sie, interpretiert sie. Man merkt sich einzelne Teile und reagiert auf das, was man aufgenommen hat. Vor allem aber kommt es darauf an, wie man das Gehörte aus seiner eigenen kleinen Welt heraus interpretiert. Erst wer beginnt, diese Zusammenhänge zu verstehen, wird fähig sein, Sprache produktiv für sich einzusetzen. Bewusstsein ist der Beginn eines kontinuierlichen Verbesserungsprozesses – auch in der Kommunikation.

Mit diesen beiden Grundgedanken im Hinterkopf lässt sich eine Antwort auf die Frage finden: „Ja, wie ist sie denn, die Sprache der Sieger?" Viele Leser konnten in den kleinen Geschichten und Erzählungen, die in unserem letzten Buch über Erfolg und Misserfolg berichteten, ihre eigene Antwort finden. Mehr noch: Jede einzelne Geschichte war wie ein Spiegel des kommunikativen Alltags, der dort Licht ins Dunkel bringen konnte, wo sich der Leser „ertappt" fühlte („Kampf der Geschlechter" oder „Anleitung zu Misserfolg und Unglück"). Hier wurden beispielhaft Möglichkeiten für Bereiche aufgezeigt, in denen man schon immer nach Verbesserungen und Lösungen suchte („Das Bewusstsein der Sieger" oder „Karriere der Sieger"). Somit ergab sich für jeden Leser ein anderes Bild der „Sprache der Sieger" und wie sie im Einzelfall auszusehen habe oder durch was sie gekennzeichnet sein müsste.

Was „Die Sprache der Sieger" allerdings nicht in den Mittelpunkt stellte, war *der Weg*. Der Weg, die Sprache der Sieger zu erlernen. Und genau dies ist der Kern des vorliegenden Buches: Mit „Die Kraft des Wortes – Entdecken Sie die Möglichkeiten der Kommunikation und sprengen Sie die Grenzen" zeigen wir, wie sich eine solche Sprache erlernen lässt, wie man sie für sich nutzen kann, und welche Ansatzpunkte es für jeden Einzelnen gibt, um seine Sprache zu verbessern.

Unser Buch „Die Sprache der Sieger" gibt Antwort auf die Frage. *Wie sieht diese Sprache aus?* „Die Kraft des Wortes" gibt Antwort auf die Frage *Wie kann ich diese Sprache erlernen? Wie kann die Kraft der Worte genutzt werden, um die Möglichkeiten der Kommunikation auszuschöpfen?*

Als Kommunikationstrainer sind wir uns bewusst, welchen Anspruch ein solches Motto in sich birgt. Einen Weg zu höheren kommunikativen Weihen aufzuzeigen ist immer ein gewaltiges Vorhaben, ein gewagtes Versprechen. Und im Besonderen dann, wenn dies nicht in einer intensiven, praktischen Trainingsumgebung geschieht, sondern durch das geschriebene Wort – durch ein Buch. Nach dem Motto: Ich möchte „theoretisch" lernen, mich aber „praktisch" verbessern.

Es wird Sie nicht überraschen, dass wir uns auch dieses Mal dafür entschieden haben, Sie auf eine Reise in die Welt der Praxis mitzunehmen. Geschichten, die wir erlebten, Erzählungen, die wir von Kollegen, Trainingsteilnehmern oder Freunden hörten, Anekdoten, alltägliche Gedanken zu Alltäglichem werden im Brennpunkt der Aufmerksamkeit stehen.

Unser gemeinsames Ziel bei dieser Wanderung auf den Wegen der Kommunikation ist, Ihre Sprache in den verschiedensten Alltagssituationen zu verbessern. Wir denken dabei zum Beispiel an:

- die nächste Präsentation vor ihren Kollegen oder der Geschäftsleitung;
- das nächste Konfliktgespräch mit Ihrem Partner, Ihrer Partnerin;
- die nächste Auseinandersetzung mit Ihren Kindern;
- die nächste Meinungsverschiedenheit mit Ihren Kollegen;
- die nächste Stegreifrede beim Geburtstag;
- das nächste Gehalts- oder Bewerbungsgespräch;
- die nächste mündliche Prüfung oder den nächsten Fachvortrag;
- das nächste Mal beim Bäcker oder im Supermarkt;
- den nächsten Flirt;
- das nächste Telefongespräch mit Verwandten;
- den nächsten Hausierer an Ihrer Wohnungstüre …

An welchen Kommunikationssituationen Sie auch arbeiten wollen, in unseren Geschichten werden Sie Anregungen finden, um das nächste Mal noch erfolgreicher zu sein. Übrigens müssen Sie die „Sprache der Sieger" nicht erst gelesen haben, um das vorliegende Buch zu verstehen und aus ihm Gewinn zu ziehen.

Viel Spaß beim Lesen. Wir freuen uns schon auf Ihre Kommentare – entweder online bei einem der Web-Buchhändler oder persönlich an uns. Die Adresse finden Sie am Ende des Buches.

Böblingen, im Februar 2001

Nicolai Stickel
Rolf-Michael Hahn

TEIL I

MÖGLICHKEITEN UND GRENZEN DER KOMMUNIKATION

„Sicher ist Sprache nicht alles, aber ebenso sicher ist ohne Sprache alles nichts. Dass wir miteinander reden können, macht uns zu Menschen."

M. L. Moeller

Wie wichtig ist das richtige Wort?

Michael Lukas Moeller schreibt in seinem Buch „Die Wahrheit beginnt zu zweit": „In einer Zeit der Überflutung durch pausenlos tönende Massenmedien steigt die Skepsis gegenüber Worten" (S. 17). Umso wichtiger wird es, die richtigen Worte zu wählen, Worte, die die Menschen erreichen, Worte, die einen bleibenden Eindruck hinterlassen. In einer Zeit, in der Informationen im Überfluss zur Verfügung stehen, zählt die Qualität des Gesagten besonders. Eine qualitativ hochwertige Sprache als Ausgangspunkt für bessere Ergebnisse in privaten wie beruflichen Beziehungen wird somit zu einem zentralen Thema für viele Menschen.

Die Beschäftigung mit dem Thema Sprache – und im Besonderen mit der Rhetorik – ist ein bereits lang anhaltender Trend. Lehr- und Lernangebote überfluten den Markt und werden aufgesogen wie von einem trockenen Schwamm. Und der Bedarf wächst noch immer. Mehr als die Hälfte aller Seminarteilnehmer in unseren Kommunikationstrainings sind zwischen 18 und 35 Jahre alt. Ein Alter, in dem jeder schon lange sprechen gelernt hat. Aber Ausbildung und Berufsleben verlangen heute mehr als je zuvor. Schreiben, Lesen und Rechnen sind längst nicht mehr hinreichend, um einen Job zu bekommen. Man muss auch sprechen können. Und zwar gut.

Sprechen ist Bildungsgut

Sprache als Werkzeug

In der „Sprache der Sieger" formulierten wir: „Die Sprache ist Mittelpunkt. Die Sprache ist Mittel. Punkt." Damit wollten wir deutlich machen, dass wir die Sprache als Werkzeug begreifen, mit dessen Hilfe wir unsere Ziele besser und schneller erreichen. An dieser Stelle sei eine Anmerkung erlaubt: Die Sprache kann natürlich auch Mittelpunkt sein. Nicht nur, dass wir Sie in den Mittelpunkt unseres Buches stellen, dass wir sie prominent präsentieren und durchleuchten und sie zum Gegenstand Ihres Interesses machen. Nein, auch in dem Sinne, dass sie Mittel und Zweck zugleich ist. Die Literatur, die Dichtung, Worte als „künstlerische Rohmasse" lassen Sprache zum Mittelpunkt werden.

Mit der „Kraft des Wortes" werden wir mit Ihnen die Sprache als ein Instrument betrachten, das wir zwar schon lange besitzen, aber noch lange nicht perfekt spielen. Wir werden zeigen, was das Instrument kann (Möglichkeiten der Kommunikation) und was es außer Stande ist zu leisten (Grenzen der Kommunikation). Denn auch im weiten Feld der Rhetorik kursieren Mythen und so mancher Irrglaube.

Dabei dürfen wir nie vergessen, dass wir Menschen nicht nur die Spieler des Instrumentes sind, sondern auch die Komponisten. Die Komposition (Gedanken) muss vorhanden sein, bevor das Instrument (Sprache) zum Einsatz kommt. Nicht nur die Reihenfolge scheint uns essentiell, sondern auch die Gewichtung: Zuerst komponieren, dann spielen. Zuerst denken, dann sprechen. Und dabei ist es wichtig, die Grenzen und Möglichkeiten des Instruments Sprache zu kennen. Denn nur wenn Komposition und Instrument zusammenpassen, werden die Töne Wohlgefallen hervorrufen und das Publikum erfreuen. Alle anderen Bemühungen würden in misstönendem Dilettantismus versiegen.

In diesem Buch wollen wir Ihr Bewusstsein für die Grenzen und Möglichkeiten des Instrumentariums Sprache schärfen. Wir möchten deutlich machen, wie das Instrument einzusetzen ist, welche Instrumente zu welcher Komposition

passen und welche Techniken die schönsten Töne hervor-
zaubern können.

Da capo al fine.

> *Gedanken sind Kompositionen.*
> *Die Sprache ist das Instrument.*

Wie viele Tropfen hat das Meer?

Es wäre müßig, die Tropfen des Meeres zu zählen. Aber wir
erahnen, dass diese Zahl jenseits des Vorstellbaren liegt und
von unserem Gehirn nicht zu verarbeiten wäre. Das Meer ist
das Ergebnis vieler Milliarden Tropfen, die nie jemand gezählt hat, die nie bewusst als Tropfen registriert werden.
Aber ohne diese vielen Tropfen wäre das Meer nicht das
Meer. Genauso ist es bei den Reizen, die täglich, stündlich,
ja jede Minute und Sekunde auf uns einprasseln. Die
menschlichen Sinne nehmen in wenigen Minuten mehr Eindrücke auf, als der Mensch während seines ganzen Lebens je
bewusst verarbeiten kann. Wir können den menschlichen
Organismus mit der Struktur eines Datenverarbeitungssys-
tems vergleichen. Viele Milliarden Reize gehen ständig ein,
werden aber nie bewusst erfasst, gezählt oder zugeordnet.

Gefühle, Töne, Lichtreize, Berührungen oder Geschmack
– all das nehmen wir über unsere fünf Sinne auf. Aber nur
einen Bruchteil davon können wir bewusst verarbeiten.
Selbst wenn wir heute davon ausgehen, dass alle Informationen im Laufe unseres Lebens gespeichert werden, so sind
die wenigsten greifbar oder bewusst abrufbar. Und diese selektive Wahrnehmung ist im Grunde die Hauptsicherung in
unserem Schaltwerk, denn unsere Nervenleitungen würden
in kürzester Zeit durchbrennen, wenn wir diese ständige
Reizüberflutung bewusst verarbeiten müssten. In einem
technischen Bild könnten wir den Menschen also auch mit

einem überdimensionalen Datenspeicher mit limitierten Aufnahme- und noch limitierteren Abruffunktionen vergleichen, der sich mit eingebauten Sicherungen der Datenüberflutung erwehrt.

Wahrnehmung ist selektiv

Die Begrenztheit der Sprache

> *„Hätten wir das Wort, hätten wir die Sprache,*
> *wir bräuchten die Waffen nicht"*
> Ingeborg Bachmann

An sich stehen wir vor einem Wunder, wenn wir von anderen Menschen richtig verstanden werden oder, anders ausgedrückt: wenn wir in der Lage sind, das zu vermitteln, was wir vermitteln wollen. Stehen sich zwei Menschen gegenüber, so ist das, als ob sich zwei riesige Datenpakete begegnen, die lediglich über eine winzige Schnittstelle miteinander kommunizieren und Daten austauschen können. Diese Schnittstelle heißt Kommunikation, das Transportmittel Sprache. Das Kernproblem liegt darin, dass die Übertragung der Daten von Mensch zu Mensch, von Datenspeicher zu Datenspeicher nur sehr beschränkt das übertragen kann, was unsere geistige und emotionale Welt zu produzieren im Stande ist.

- Denken Sie daran, dass der Mensch Informationen parallel verarbeiten kann: Wir können gleichzeitig Schmerz empfinden, einen Menschen ansehen, etwas sagen und dabei Musik hören. Das kann Sprache nicht.
- Denken Sie daran, dass der Mensch in der Lage ist, sich innerhalb des Bruchteils einer Sekunde eine geistige Welt aufzubauen oder komplexe emotionale Welten zu verarbeiten. Das kann Sprache nicht. Wenn wir versuchten, un-

sere Gedanken in allen Einzelheiten in Worte zu fassen, entstünde ein stundenlanger Monolog.

■ Denken Sie daran, wie differenziert und präzise Sie gedanklich Dinge beschreiben oder wie vielschichtig Sie Gefühle empfinden können, zum Beispiel Liebeskummer. Diese Vielschichtigkeit, diese Nuancen können durch Sprache nur schwer abgebildet werden.

Bei jedem Versuch, diese komplexen Gedankenkonstrukte zu beschreiben (und sei der Redner noch so geschult) wird offensichtlich, wie begrenzt unsere Sprache ist. Sie vermag oft nur schwer in Worte zu übersetzen, was wir uns gedanklich vorstellen oder was wir fühlen. Wir finden entweder nicht die präzisen Worte oder haben nicht die Zeit, alle Gedanken in Worte zu übersetzen.

Natürlich hindert uns dieses unvollkommene Werkzeug Sprache nicht daran, immer wieder zu versuchen, uns dennoch verbal mitzuteilen und verständlich zu machen. Aber damit der Schwierigkeit nicht genug. Wir müssen nicht nur das Problem der Sprachcodierung lösen (Gedanken in Sprache übersetzen), nein, wir müssen auch die Herausforderungen des Hörens, Verstehens und Interpretierens in Betracht ziehen. Denn: Kommt die Nachricht nicht richtig an, ist die Kommunikation gescheitert. Da unser Zuhörer normalerweise keine Ahnung von der Gedankenwelt des Gegenübers hat, müssen unsere Worte von unserem Zuhörer nun wieder decodiert werden. Eine Art von Rückübersetzung der Worte in Gefühle und Gedanken ist erforderlich. Wenn Sie selbst schon Probleme haben, Ihre Gedanken und Gefühle in Sprache zu übersetzen, wie schwierig ist es dann erst für Ihr Gegenüber, die gehörten Worte so zu entschlüsseln, dass er weiß, was Sie dabei dachten oder empfanden?

Wie oft konnten Sie Ihre Gefühle nicht in die richtigen Worte fassen, wie oft konnten Sie Ihren Gedanken nicht klaren Ausdruck verleihen? Wie oft waren Sie sich nicht wirklich bewusst, was Sie fühlen oder denken über ein bestimmtes Thema? Wie oft zweifelten Sie, ob Ihr Gegenüber Sie richtig verstanden hat? Wie oft waren Sie sich unsicher, ob er dasselbe meint, was Sie sagen? Diese Ungewissheit entsteht durch die Limitiertheit der Sprache, an der Unfähigkeit sich auszudrücken und dem mangelnden Wortschatz. Es liegt aber auch an Ihrem Gegenüber, weil es für ihn schwer ist, aus Gesagtem wieder Sinn zu lesen, Sprache in Bilder, Emotionen, Inhalte zu übersetzen. Weil es schwer ist, zuzuhören und zu verstehen.

Conclusio: Die Ausdrucksfähigkeit eines Menschen ist von seiner Fähigkeit abhängig, Gedanken und Gefühle in Sprache zu übersetzen, in eine Sprache, die vom Gegenüber verstanden und in gleicher Weise zurückübersetzt werden kann.

> *Sprache ist wie eine enge, holprige Einbahnstraße.*
> *Gedanken und Gefühle sind wie Raketen.*
> *Dies ist der immanente Konflikt zwischen der Welt der*
> *Gedanken und Gefühle und der Welt der Sprache.*

Lösungsansätze:
Der Weg zu mehr Verständnis

Der erste Schritt:

■ Sich der Limitation der Sprache bewusst werden.

Der zweite Schritt – vor dem Hintergrund des gewonnenen Bewusstseins:

■ Stärker auf die eigene Kommunikation achten.
  (Dieser Prozess dauert im Übrigen das ganze Leben.)

Durch unsere Trainingsseminare wissen wir, wie schwer die Übertragung theoretischer und praktischer Lerninhalte in die kommunikative Praxis ist. Denn das Buch ist nur ein

Buch, und das Training ist nur ein Training. Das tägliche Leben aber ist anders. Es ist die Wirklichkeit, und hier müssen wir uns beweisen. Auch gut gemeinte Lernbrücken oder Übertragungshilfen erfüllen zwar ihren Zweck, lassen aber keine Wunder erwarten (Einträge im Kalender, Merkzettel auf Spiegel hängen, sich einen Mentor am Arbeitsplatz suchen, den eigenen Partner einbinden usw.)

Die Beschäftigung mit der Übertragung in die Praxis erinnert mich immer wieder an das Thema Diät. Als ich (und hier spricht nun Rolf-Michael) mein dreißigstes Lebensjahr überschritten und zudem noch mit dem Rauchen aufgehört hatte, nahm ich unaufhaltsam zu. Ich wog schließlich zwölf Kilogramm mehr als zuvor. Der Diätenkampf hatte begonnen: im Frühjahr abspecken, im Sommer wieder zulegen, im Winter weiter zulegen, um dann im Frühjahr einen noch härteren Kampf zu führen. Doch dann kam die Rettung: eine neue Diät, die ganz sicher zum Ziel führen würde, eine Diät, die mich endlich – und natürlich endgültig – vom Kampf mit den überflüssigen Kilos befreien würde und mir meine Traumfigur von vor 20 Jahren zurückbringen würde. Die Botschaft der Trennkost hatte mich erreicht. So begann ich, meine Ernährung nach dieser Lehre umzustellen. Ich war motiviert, aß weniger Fleisch, mehr Früchte, Gemüse und Salate und fühlte mich dabei gesund und munter. Ich war sogar so motiviert, dass ich zu joggen begann. Das Resultat: Ich nahm tatsächlich zehn Kilogramm ab, gelangte tatsächlich sportlich wieder zu sehr guten Leistungen und fühlte mich tatsächlich wieder gesund und vital, bis …

Neun Monate später war es vorbei, noch einmal neun Monate später hatte ich mein Höchstgewicht wieder erreicht. Ich trennte meine Kost nur noch, indem ich das Dessert nach dem Hauptgang aß und die Vorspeise davor. Vom Joggen ließ ich mit dem neuen alten Übergewicht auch sehr schnell wieder ab.

Derart leidgeprüft begann ich mich in den folgenden Jahren von einer ganz anderen Seite mit der Thematik Übergewicht zu beschäftigen. Ich betrachtete mich und mein Leben, betrachtete meine Werte und die sich daraus ergebenden Prinzipien, die mein Leben leiten. Tief in meinem Inneren weiß ich heute, wie wenig mir der Wert Gesundheit bedeutet. Ich musste mir eingestehen, wie wenig ich etwas schätze, das ich heute noch habe und was in der Vergangenheit immer selbstverständlich für mich war. Den Schalter in meinem Kopf konnte ich bis heute nicht umlegen, da so viele andere Dinge des Lebens im Vordergrund stehen. Dinge, die – sollte ich nicht zu einer neuen Grundeinstellung, zu neuen Werten gelangen – mich irgendwann meine Gesundheit kosten werden.

Sie fragen sich nun: Was hat all dies mit dem Thema Kommunikation zu tun? Nun, die Beschäftigung mit dem Thema Rhetorik und Kommunikation, das Besuchen von Trainingsseminaren, das Lesen von Rhetorik- und Kommunikationsbüchern wird zwar eine Veränderung nach sich ziehen, aber wie beim Thema Diäten sind die Erwartungen meist höher als der langfristige (!) Erfolg.

Eine nachhaltige Verbesserung kann nur derjenige erreichen, der den Schalter im Kopf umlegt, derjenige, für den der Austausch mit anderen Menschen soviel Gewicht bekommt, dass dies als Wert in sein Leben integriert wird. Doch Vorsicht: Es geht nicht um den Wert der professionellen Rhetorik oder Kommunikation (diese sind lediglich die Werkzeuge), es geht um den Wert des Austausches, es geht im Grunde um den Wert, den andere Menschen für uns darstellen. Ist dieser Wert verinnerlicht, so ist die wahre Grundlage geschaffen für lebenslanges Lernen, an sich selbst und an anderen Menschen. Erst dann glauben Sie selbst an die Bedeutung der professionellen Kommunikation und Rhetorik, und erst dann messen Sie ihr den entsprechenden Stellenwert in Ihrem Leben zu. Ist dieser Schritt vollzogen, ergibt sich alles wie von selbst.

Kommunikation ist das Werkzeug, mit dessen Hilfe Sie einen Wert erfüllen können, der bei jedem Menschen unterschiedlich ausgeprägt ist. Entdecken und entwickeln Sie Ihren kommunikativen Wert, bevor Sie das nächste Training besuchen.

Kommunikation ist das Werkzeug. – Was sind Ihre Ziele?

Zwei Meere und ein Kanal

Das Meer ist unsere Analogie für die Welt der Sinne, die sich aus so vielen kleinen Eindrücken zusammensetzt, dass wir sie nur in der Summe verstehen können. Das Meer repräsentiert das, was wir an Gedanken und Gefühlen in uns tragen. Das Meer ist, was jeder Mensch hat.

Und was ist die Sprache? Wir können sie uns vorstellen wie einen Kanal, der zwei solche Meere miteinander verbindet. Es ist ein Kanal, der vielleicht nur 20 cm tief ist, der nur einen Meter breit ist, durch den schon mehr oder weniger Wasser geflossen ist. Die Kunst, das Wasser zwischen diesen beiden Meeren auszutauschen, besteht nun darin, den Teil des Wassers, den wir hinüberleiten wollen, in diesen Kanal zu bringen. Und zwar mit dem richtigen Druck und in der richtigen Menge, sodass das Wasser im Kanal weder versiegt noch über die Ufer tritt, damit möglichst viel von der ursprünglichen Wassermenge ankommt. Dieses Bild greift auch wieder die Beschreibung von Sprache als ein Werkzeug mit Limitationen auf. Der Kanal hat seine klaren Beschränkungen, die Sprache ebenfalls.

Das ist unser Bild von Kommunikation. Wenn Sie nun Lust haben auf ein wenig Meereskunde, Staudammtheorie und Kanalbau, dann laden wir Sie zu den nächsten Kapiteln ein – zu Geschichten von Meereswissenschaftlern, Anekdoten von Wassertropfen und Erfahrungen von Wasserratten.

Nicht umsonst sprechen wir von Wortschwall, Sprachfluss, unterscheiden zwischen Oberfläche und Tiefe und gehen auch mal in der Kommunikation baden.

Möglichkeiten und Grenzen durch technologische Entwicklung?!

Bevor wir nun in medias res gehen, lassen Sie uns noch einen kleinen Ausflug in das Reich der Technik machen. Immerhin sind auch viele technische Erfindungen der Neuzeit Hilfen der Kommunikation und besseren Verständigung (Telefon, Radio, TV, Internet, Handy). Sie sollen uns helfen, uns schneller, besser und effektiver mit anderen Menschen austauschen zu können, sie sind Werkzeuge der Informationsvermittlung. Aber lassen Sie uns nicht theoretisieren, werfen wir einen Blick auf den Alltag: Wie verändert sich unsere Kommunikation durch die Technologie?

Der Anrufbeantworter oder: Kommunikation auf Schleichwegen

Wochenende, endlich die ersehnte Ruhe, Entspannung! Entspannung? Wären da nicht diese zwei technischen Einrichtungen – eines bei mir zu Hause, der Anrufbeantworter, das andere bei der Arbeit, im neudeutschen Stil Mailbox genannt (würde doch Anrufbeantworter hierbei viel zu banal klingen). Konnte ich mich früher dem Kommunikationsschwall anderer noch entziehen – ich war einfach nicht ans Telefon gegangen, weil ich mich nicht unterhalten wollte – so schlägt er heute erbarmunglos zu; ungeprüft werden die Worte abgeladen, ungeachtet der Frage, ob ich sie hören will oder nicht, unverblümt kann jeglicher Kommunikationsmüll hinterlassen werden ... und dies in Zeiten der Mülltrennung. Doch dann der Gegenschlag: Ich wähle 07XXX-YYYYY, eine süßlich säuselnde Stimme meldet sich: Sie sprechen mit der Nummer 07XXX-YYYYY, leider bin ich im Moment ... – als ob ihr das wirklich leid tun würde – hinterlassen Sie mir bitte eine Nachricht usw. ... Gut, dass ich mit der 07XXX-YYYYY spreche, war mir klar, hatte ich diese Num-

mer doch eben gewählt! Dennoch war ich froh und erleichtert, es nochmals gesagt zu bekommen. Wahrscheinlich steht
sie im Hintergrund, weiß, dass ich mit der Mailbox spreche
und entscheidet erst dann, ob sie mit mir reden will oder
nicht.

> *Schleichen Sie sich ins Leben anderer,*
> *hinterlassen sie einfach eine Voicemail.*

Die Entdeckung der mobilen Kommunikation

Ein Blick in die Zukunft: verheerende Auswirkung der technologischen Entwicklung – geschrieben im Jahre 2005: Die
Kommunikation ist zusammengebrochen, Stille ist eingetreten, Menschen haben aufgehört, miteinander zu reden. Ein
Zustand ist eingetreten, der, sobald sie ihn aussprechen,
nicht mehr existiert: Schweigen! Die wenigen Sätze, die
noch gesprochen werden, sind beispielsweise: „Wenn Du
mir noch was zu sagen hast, dann sende mir gefälligst eine
Sims", während des Flirtens: „Kommst Du mal auf meine
Homepage…?", „Also meine Meinung dazu ist: hatetepe
Backslash Backslash Doppelpunkt wewewe Punkt dasgeht-
dichgarnichtsan Punkt dee eeh."
Undenkbar?! Nun, ganz so schlimm wird es nicht kommen. Dennoch: Immer wieder amüsieren wir uns darüber,
wie stark doch schon alleine „das Handy", oder kurz „Mobil", Einfluss auf unser Kommunikationsverhalten nimmt.
Vor geraumer Zeit besuchte ich einen Freund, und natürlich hatte ich mein Communication Survival Kit (Handy) dabei, man weiß ja nie!! Wir saßen zu dritt auf seiner Terrasse
und unterhielten uns – unser Communication Survival Kit
auf dem Tisch. Dann der Moment, auf den wir alle gewartet
hatten, der so sehnsüchtig von uns allen herbeigewünscht

wurde, um die gähnende Leere unseres Gespräches zu erfrischen, zu erfrischen durch neuen Input, Input von Außen. Das erste Handy klingelte! War es meines, seines oder gar ihres? Die Spannung war förmlich greifbar, unsichere Blicke, dann der Griff auf den Tisch. Sie hatte gewonnen!! Wir, die Verlierer, griffen ebenfalls zur Kommunikationswaffe, möglicherweise hatten wir eine Sims erhalten und noch nicht bemerkt. Dann wieder Stille, Leere und der Schmerz, der tief in der Brust lag, der Schmerz des Alleinseins, des Abgeschnittenseins von der Außenwelt. Doch dann die Rettung, die Rettung durch Eigeninitiative, getrieben vom unbändigen Wunsch zu kommunizieren: Hans-Otto griff zum Mobil, wählte und durchbrach die Mauer der Einsamkeit. Es war so weit, nun war ich ganz allein!!!

Aber auch ich hatte ja zum Glück mein Mobil dabei. Ich rief meine Mutter an – obwohl ich eine Stunde vorher schon mit ihr gesprochen hatte – und ließ sie an meinem Leben teilhaben. Ich konnte ihr das Gefühl geben, das uns durch neue Technologien beschert wird, das Gefühl der Zugehörigkeit!

Technologie bringt Menschen einander näher. Oder?

Conclusio

- *Wahrnehmung ist selektiv, denn jeder hat andere Filter der Wahrnehmung.*
- *Gedanken und Gefühle sind schneller und komplexer, als Sprache vermitteln kann. Deshalb ist es so schwierig, Gedanken und Gefühle in Sprache zu übersetzen.*
- *Sprache ist ein Werkzeug mit Limitationen. Nur wer die Limits kennt, kann bis an die Grenzen gehen.*
- *Sprache ist ein komplexer und langsamer Übertragungsprozess. Nicht verstehen und nicht verstanden werden ist deswegen Normalität.*

TEIL II

DEM WORT KRAFT VERLEIHEN: 8 MERKMALE

1. Zielgerichtet

„Wo kein Inhalt ist, gibt es keine Formen;
wer das Ziel nicht kennt, kann den Weg nicht finden."

Hans Domizlaff

Fehlender Realitätsbezug

Leider machen viele Teilnehmer von Rhetorikseminaren immer wieder die Erfahrung, dass Kommunikationstrainings in unserer heutigen Seminarlandschaft häufig im luftleeren Raum stattfinden. Sie lassen sich nicht messen, ihre Qualität nur schwerlich beurteilen, weil unklar oder außer Acht bleibt, was das Ziel der Übung ist. Was ist das Ziel, das ich als Teilnehmer tatsächlich erreichen will, und welchen Beitrag erhoffe ich mir dabei von der Rhetorik? Mögliche Ziele könnten sein:

- Ich möchte meinem Vorgesetzten überzeugend vermitteln, mit welchem Einsatz und Erfolg ich meinen anspruchsvollen Job meistere.
- Ich möchte bei einer Rede vor den Vereinsmitgliedern tosenden Beifall für meinen Vortrag ernten.
- Ich möchte mich zukünftig trauen, mich bei geschäftlichen Besprechungen zu Wort zu melden und meine Meinung überzeugend zu vertreten.
- Ich möchte in Small-Talk-Situationen als gewandter Entertainer auftreten können, ohne oberflächlich zu erscheinen.
- Ich möchte meinem Partner mitteilen können, was in meiner Gedanken- und Gefühlswelt vor sich geht.
- Usw.

Fehlende Zielorientierung macht nicht nur so manchen gut gemeinten Lehrgang zu einer Fehlinvestition, sondern führt auch in der täglichen Kommunikation zu einer hohen Ausschussrate. Kommunikation ohne Ziel ist richtungslos, unbestimmt und dadurch unwirksam. Wer etwas erreichen will, sollte sich auch klar darüber sein, *was* er erreichen will und welchen Beitrag er hierbei von der Kommunikation erwartet.

> *Welches Ziel verfolgen Sie?*
> *Welche Rolle spielt dabei die Sprache?*
> *Was erwarten Sie von diesem Buch?*

Die Sprache ist Mittel zum Zweck

Verhandlungen sind ein Paradebeispiel für zielorientierte Kommunikation. Zumindest in der Theorie. Ziele können im Alltag aber ganz verschieden sein. Es geht nicht nur um das Verhandeln der nächsten Gehaltserhöhung oder die Diskussion um den nächsten Urlaubsort. Jegliche Art der Kommunikation sollte zielorientiert sein. Ansonsten läuft sie Gefahr, ins Leere zu laufen.

Immer wieder sprechen wir vom „Werkzeug Sprache". Wir verstehen es gerne als ein Mittel zum Zweck. Als ein Werkzeug, mit dessen Hilfe Sie Ihre Ziele besser oder schneller erreichen können – wenn Sie nur den Umgang mit dem Werkzeug lernen. Wie bei jedem komplexen Werkzeug sind hierzu zwei Dinge Voraussetzung:

1. *Die Wirkungsweise des Werkzeugs verstehen (Bewusstsein).* Einen Tennisschläger kann man als Werkzeug betrachten, dessen Funktionsweise erst begriffen werden muss, bevor man mit ihm ins Feld zieht. Wo ihn anfassen, wie ihn greifen, welche Griffstellung erzeugt welchen Effekt? Die Sprache ist ungleich komplexer. Umso essenzieller ist es, Bewusstsein für ihre „Funktionsweise" zu erlangen.

2. *Im Umgang mit dem Werkzeug fingerfertig werden (Erfahrung).* Auch hier zur Verdeutlichung zurück zum Tennisspiel: Das theoretische Wissen, wie man den Ball richtig schlägt, und die praktische Umsetzung sind zwei verschiedene Welten. Theorie und Praxis klaffen ohne jahrelange, intensive Übung weit auseinander.

Ähnlich verhält es sich beim Werkzeug Sprache. Wir begrüßen es, dass sich Menschen mit Kommunikation auseinander setzen – es ist der erste Schritt, um seine Sprache zu verbessern. Aber es ist eben wie beim Tennis: Vom Lesen guter Sportfachbücher ist noch niemand Wimbledon-Sieger geworden; jahrelange Erfahrung, Schulung und Übung sind immer Voraussetzung.

Keine Übung – keine Verbesserung, kein Sieg.

Jedes Gespräch hat sein Ziel

Vielleicht ist die „Anmache" eines der besten Populärbeispiele für zielorientierte Kommunikation. Das Ziel ist klar, die Sprache ist Mittel zum Zweck. Der Mann macht sich vorab Gedanken darüber, welche Anmache er wählen soll (Strategie) und schwankt zwischen der Machotour „Hab ich nicht letztes Jahr deinen Freund beim Boxen platt gemacht?" und der charmanten Weichei-Näselei „Ich habe in diesem Sommer noch keine Frau mit einem so bezaubernden Lächeln gesehen!!" Dann wählt er noch Mimik, Gestik, Tonfall und Körpersprache und schreitet zur Tat (Taktik). Der Erfolg oder Misserfolg stellt sich sofort heraus: angekommen oder abgeblitzt (Zielkontrolle)?

Im Grunde ist dies ein normaler Planungsprozess, mit dessen Hilfe Sie jede Art von Kommunikation verbessern können. Sei es in Vorbereitung auf eine Präsentation, auf eine Rede, Diskussion, das Gespräch mit Mitarbeitern oder Kollegen. Die leitenden Fragen lauten:

- Welches Ziel verfolge ich?
- Welche Strategie wähle ich?
- Wie setze ich diese um?
- Wie messe ich meinen Erfolg?

Ziel, Strategie, Taktik und Erfolgsmaßstab

Die meisten Kämpfe werden in der Vorbereitung entschieden (so ist dies vor Gericht, so ist dies im Bewerbungsgespräch). Bereiten Sie sich auf ihre wichtigsten Auftritte so vor, als wäre es das Einzige, was Sie zu tun haben, kurz: Beschäftigen Sie sich sehr, sehr intensiv damit. Wenn Sie derart präpariert in eine Gesprächssituation gehen, dann sind Sie auch sehr viel leichter in der Lage, während des Gesprächs immer wieder zu beobachten, ob Ihr Ziel in Gefahr ist, wie Sie den Gesprächsprozess beeinflussen können, um wieder auf die richtige Bahn zu kommen, oder ob Sie die Richtung vielleicht modifizieren müssen, um noch einen Teilerfolg zu erreichen. Gut vorbereitet, mit wachem Bewusstsein für Ihr Ziel und den Prozess, können Sie die richtigen Worte wählen, und bereits dadurch erhält Ihre Sprache Kraft und Gewicht.

Vorbereitung ist die halbe Miete zur Zielorientierung

2. Zuhörerorientiert

> *„Das Geheimnis des Agitators ist, sich so dumm zu machen,*
> *wie seine Zuhörer sind, damit sie glauben, sie seien so gescheit wie er."*
>
> *Karl Kraus*

Soziale Rollen als Ausgangspunkt der Sprachgestaltung

Es ist für jeden von uns einleuchtend, dass man mit einem Kleinkind anders spricht als mit einem Erwachsenen. Denn wenn ich mich verständlich machen will, muss ich für den Dreijährigen andere Worte wählen als im Gespräch mit dem Nachbarn. Geht es aber um unterschiedliche erwachsene Gesprächspartner, so ist es für viele eine völlig neue Perspektive der Kommunikation, oft sogar eine scheinbar unsinnige Forderung, die eigene Sprache auf die Natur des Gesprächspartners einzurichten. Warum auch? „Ich bin, wie ich bin, und das soll doch auch in meiner Sprache deutlich werden!", lehnen viele unserer Seminarteilnehmer diesen Gedanken zunächst erst einmal ab.

Es gibt eine Übung in unserer Seminarreihe, die sich seit Jahren großer Beliebtheit erfreut. Dabei wird für jeden Einzelnen klar, welche Rollen er in seinem sozialen Umfeld einnimmt. In einer Matrix erfasst jeder Teilnehmer systematisch seine sozialen Rollen (Vater, Onkel, Unternehmer, Vereinsmitglied, Nachbar, Kirchenangehöriger, Staatsbürger, Sohn, etc.) und dazu die Erwartungen, die sich durch dieses Umfeld an ihn richten: mit den Kindern spielen, mit den Kollegen ein Bier trinken gehen, zwei Mal die Woche Tennis spielen, mit der Frau ins Theater gehen, 5 mal 9 Stunden arbeiten, die Großeltern einmal pro Monat besuchen, und und und. Immer wieder sind unsere Teilnehmer vom Ergebnis dieser Nachforschung überrascht, weil kaum jemandem klar war, welch zahlreiche und vielfältige Erwartungen an ihn gerichtet sind. Teil dieser Erwartung ist es naturgemäß auch, dass man sich mit all diesen Menschen adäquat unterhält, also so, dass uns der andere möglichst einfach und schnell versteht.

Zuhörerorientierung ist also nichts anderes als die Einstellung und Abstimmung der Kommunikation auf die jeweils andere Person, mit dem Ziel, das Ergebnis der Kommunikation optimal zu gestalten. Oder mit anderen Worten: Aus den Erwartungen, die an eine soziale Rolle gestellt werden, lässt sich die Ansprache ableiten, die in der Kommunikation zu wählen ist.

> *Jeder Zuhörer ist anders.*
> *Jede Ansprache ist individuell.*

Ein eingeschriebener Brief mit Rückantwort, bitte

Eine weitere Herausforderung in der Kommunikation stellt sich mit der Frage, wer welche Verantwortung im Kommunikationsprozess trägt. Übernimmt der Sprecher Verantwortung für das, was er sagt, oder für das, was ausgesprochen wurde, was ankommt, oder was hinein interpretiert wurde? Wie weit geht seine Verantwortung in Richtung Zuhörer?

Die Post zeigt uns eigentlich alle möglichen Alternativen auf: Den Inhalt eines Päckchens bestimmen wir. Für den Transport haben wir nun verschiedene Optionen, die sich danach unterscheiden, wer welche Verantwortung übernimmt.

- Die einfachste Form ist der *reine Versand*. Der Absender ist für den Inhalt verantwortlich. Ob das Paket aber ankommt, wird nicht geprüft; wenn es verloren geht, merkt es frühestens der Empfänger; Feedback ist selten – zumindest nicht angefordert.
- Oder man schickt etwas per *Einschreiben*. Dann ist nicht nur der Inhalt in meiner Verantwortung, sondern ich sorge mich auch noch um die Auslieferung. Mit einem ein-

geschriebenen Brief ist klar, wann und wer den Inhalt entgegengenommen hat.

■ Perfektionieren kann man den eingeschriebenen Brief mit einer *Rückantwort*: Sie gibt mir zeitnahes Feedback darüber, dass mein Paket angekommen ist, bei wem und wann, und bestätigt mir somit, dass der Empfänger den Inhalt in den Händen hält.

Ähnlich ist dies in der Kommunikation. Nur bei einem eingeschriebenen Kommunikationspäckchen mit Rückantwort ist mir sofort klar, ob die Nachricht angekommen ist oder nicht. Ich bekomme Gelegenheit, nachzuhaken oder meine Nachricht nochmals auf anderem Wege abzuschicken, sollte der Empfänger nur einen Teil des Inhalts bestätigen.

Wie aber funktioniert das?

1. Klare *Target Audience:* Fragen Sie sich: „An wen richtet sich meine Nachricht, und an wen nicht?" (Das ist in vielen Fällen gar nicht so einfach – denken Sie an größere Diskussionsrunden!)
2. Tragen Sie Ihre Inhalte bis zur Haustür des anderen: Warten Sie, dass Ihnen jemand die Tür öffnet und das Paket entgegennimmt – Zuhören ist das Stichwort (Das Paket vor die Tür zu werfen und abzuhauen ist nicht nur feige, sondern auch wenig effektiv – da hätten Sie sich den Weg sparen können).
3. Lassen Sie sich den Empfang bestätigen. Der Zuhörer kann im Anschluss an Ihre Nachricht zum Ausdruck bringen, ob er
   ■ verstanden hat, was sie sagen wollten, und
   ■ ob er darin übereinstimmt oder nicht.

Übernehmen Sie Verantwortung für den Inhalt und den Prozess. Nur so können Sie sicherstellen, dass Ihre Nachricht mit der größtmöglichen Wahrscheinlichkeit verstanden wird.

Es geht um das, was ankommt.

Die Walser-Bubis-Debatte

Die so genannte „Walser-Bubis-Debatte" ist ein überdeutliches Beispiel für die Frage, wie weit die Verantwortung für das geht, was man gesagt hat. Der Schriftsteller Martin Walser erhielt 1998 den Friedenspreis des Deutschen Buchhandels und hielt daraufhin wie jeder Preisträger vor ihm eine Rede in der Frankfurter Paulskirche. Er war sich der Tragweite dieses Ortes und dieses Preises sehr wohl bewusst und benannte das ausdrücklich in seinem Vortrag („Ein Sonntagsrednerpult", „Paulskirche", „öffentlichste Öffentlichkeit", „Medienpräsenz"…", S. 10). Die Öffentlichkeit reagierte mit einer heftigen Debatte auf das, was Walser in seiner Rede, die er „Erfahrungen beim Verfassen einer Sonntagsrede" überschrieb, ausgesprochen hatte. Walser trat in seiner Rede hinsichtlich des Holocausts für das Recht auf eine subjektive Erinnerung ein und verneinte den Sinn des Holocaust-Denkmals in Berlin als kollektives Gedächtnis einer Nation an die Schuld der Vergangenheit. Daraufhin brach eine heftige Kontroverse aus, in der Ignaz Bubis, damaliger Vorsitzender des Zentralrates der Deutschen Juden, Walser der „geistigen Brandstiftung" bezichtigte.

Während einer Lesung Walsers aus seinem damals neu erschienenen Buch „Ein springender Brunnen", das Kindheitserinnerungen aus der Zeit der Naziherrschaft beschreibt, kam es deswegen zu lautstarken Protesten gegen Walser. Die Studenten warfen Walser vor, dass er in seiner Position als bedeutender deutscher Autor missverständliche Worte zur deutschen Vergangenheit geäußert habe und damit dem Rechtsextremismus den Boden bereite. Walser antwortete, dass es nicht in seiner Verantwortung liege, wie seine Rede verstanden worden sei. Dass sich innerhalb der Debatte zwei Lager gebildet hätten, zeige, dass man ihn eben so oder so verstehen könne. Offensichtlich war ihm nicht daran gelegen, seine tatsächliche Intention noch einmal zu verdeutlichen. Selbst langjährige „Walser-Fans" konnten diese Haltung des Autors damals nicht nachvollziehen.

Zuhören verweigert?

Immer häufiger bekommen wir die Frage gestellt: „Und was ist, wenn mein Gegenüber mir nicht zuhört?" oder „Was ist, wenn er nicht zuhören will oder so tut, als würde er zuhören, aber meine Worte nicht wirklich aufnimmt?"

Was ist zu tun?

- Lauter sprechen?
- Mehr sprechen?
- Das Problem thematisieren?
- Schweigen?
- Mit Inhalt provozieren?
- Auch nicht mehr zuhören?

Eine einfache Antwort ist nicht zu erwarten. Schließlich bemühen sich weltweit zigtausende von Menschen um die Aufmerksamkeit ihrer Mitmenschen. Marketingheere und Verkaufsbataillone lassen es sich viel Zeit und Geld kosten, potenzielle Kunden zum Zuhören zu bewegen. Und auch im Privatleben ist das Zuhören(wollen) und Verstehen(wollen) eines der Kernthemen vieler Probleme, die durch Kommunikationstrainings zu lösen versucht werden.

Wir möchten Ihnen einige Taktiken vorstellen, die sich in der Praxis als wirksame *Attention Tactics* erwiesen haben und die Sie möglichst unterlassen sollten.

- Drohen (ohne die Konsequenzen auch einzuhalten);
- Lauter sprechen;
- Zuviel sprechen.

Folgende Taktiken können sie versuchen:

- Die Metaebene thematisieren („Ich rede, habe jedoch das Gefühl, du möchtest mir gar nicht zuhören …");
- Analogien, Bilder verwenden („Ich habe das Gefühl, meine Worte prallen bei dir ab wie an einer Wand.")

- Gefühle thematisieren … („Wie geht es mir im Gespräch …?");
- Vorteile aufzeigen …(„Wenn du mir zuhörst, wirst du verstehen, weshalb …");
- Den Inhalt in einen größeren Zusammenhang bringen („Schau mal: Wenn wir uns unterhalten und dadurch jeder von uns die Intention des anderen besser versteht, werden wir beide einen Vorteil daraus ziehen … Im Grunde genommen geht es doch um …").

Zuhören kann man nicht erzwingen, aber provozieren!

Beim Stichwort „zuhörerorientiert" geht es also um zweierlei: Darum, dass Sie sich als Sprecher auf Ihren Zuhörer einstellen, damit Ihre Botschaft möglichst gut ankommt. Und darum, den Zuhörer mit sprachlichen Mitteln dazu zu bringen, Ihnen möglichst aufmerksam zuzuhören. Denn nur unter diesen Voraussetzungen können Ihre Worte Ihre ganze Kraft entfalten. Wenn die Ohren, die Aufmerksamkeit, das Herz Ihres Zuhörers verschlossen bleiben, dann fallen Ihre Gedankensamen auf steinigen Boden und werden keine Früchte tragen. Also, sorgen Sie für ein fruchtbares Kommunikationsfeld in Ihrer Umgebung!

**„Ein guter Redner ist nicht so viel wert
wie ein guter Zuhörer."**
Weisheit aus China

3. Profiliert

„Es ist Vorschrift, dass Autoreifen mindestens einen Millimeter Profil haben müssen. Für Menschen gibt es diese Vorschrift leider nicht. "

Kurt Tepperwein

Sprechen Sie be-merkens-wert?

Was ist eine Landschaft ohne Erhebungen und Täler? Was ein Bild ohne Farben und Konturen? Dinge werden für uns erst sichtbar und begreifbar, wenn wir unterscheiden, abgrenzen, hervorheben und differenzieren können. Je stärker die Kontraste und je klarer die Konturen, desto besser das Bild. Diesen Zusammenhang kennen wir spätestens seit der Erfindung des Fotoapparates oder des Fernglases.

Dasselbe gilt auch für die Kommunikation. Das kommunikatorische Profil eines Redners bewirkt, das der Inhalt deutlicher wird, dass der Redner in unseren Augen interessant und verständlich spricht und dadurch nachhaltigen Eindruck hinterlässt. Kurz: Profil hilft, Sprache wirkungsvoll zu gestalten. Die Frage ist also: Wie kann man sein persönliches Profil gewinnen, wie seinen Eindruck verstärken?

Als wir uns auf dieses Kapitel vorbereiteten, machten wir folgende Übung: Wir suchten nach einem Menschen, den wir beide kannten, und begannen, sein Profil zu beschreiben. Wir wollten alles aufschreiben und festhalten, was uns spontan in den Sinn kommen würde, um anschließend systematisch analysieren zu können, welche Profilmerkmale uns eingefallen waren, und warum. Wir entschieden uns für einen Bekannten, den wir beide im Rahmen unserer geschäftlichen Tätigkeit kannten, nun aber schon einige Jahre nicht mehr gesehen hatten. Wir fragten uns, welches Profil uns in Erinnerung geblieben sei, was uns an ihm aufgefallen war, was besonders und außergewöhnlich an ihm gewesen ist. Kurz, wir suchten nach dem *Be-merkens-werten*.

Zu unserer Überraschung fiel unsere Sammlung spärlich aus. Wir merkten bald, dass wir zwar einige Erinnerungen herbeiholen konnten, dass wir aber kein wirkliches Profil im Gedächtnis hatten. Der Mensch, so interessant er gewesen sein mag, hatte unseren Erinnerungen keinen bleibenden Stempel aufdrücken können. Sein Eindruck auf uns war gering, zumindest nicht nachhaltig. Wir konnten wenig Wesentliches über ihn sagen, obwohl wir ihn zu kennen glaubten. Hatten wir ihm damals nicht aufmerksam genug zugehört, hatten wir ihn nicht ernst genug genommen, ließ unser Gedächtnis einfach nach? All diese Fragen sind berechtigt, und es mag sein, dass die eine oder andere Frage sogar bejaht werden muss. Aber ändert dies etwas an der grundsätzlichen Feststellung, dass es unserem Bekannten nicht gelungen war, einen bleibenden Eindruck zu hinterlassen?

> *Profil „gewinnt" man nicht.*
> *Profil muss man sich erarbeiten.*

Der Kampf mit dem Staub der Zeit

> *„Es ist nicht wahr, dass Manager Profil-Neurotiker sind.*
> *Sie sind Profi-Neurotiker."*
>
> Peter E. Schuhmacher

Ein weiterer Zusammenhang lässt sich anhand dieses Experiments zeigen. Der Zusammenhang zwischen der Bildschärfe und dem Einfluss der Zeit. Sicherlich wäre unser Eindruck vielfältiger und differenzierter gewesen, hätten wir die Übung vor zwei bis drei Jahren durchgeführt. Die Zeit verwischt Konturen, die Zeit nimmt Schärfe. Wenn das Gedächtnis die Eindrücke versiegen lässt, ist die Gefahr oft groß, dass die Fantasie zu ersetzen versucht, was das Gedächtnis nicht im Stande war zu behalten. Fazit ist jedoch die nüchterne Feststellung: Je weniger Profil, desto undeutlicher und schwächer die Erinnerung.

Der Eindruck ist naturgemäß am stärksten im Moment des Geschehens, der Wahrnehmung. Vielleicht lässt sich unser tägliches Erleben durch die Analogie einer Gebirgswelt beschreiben. Im Moment des Erlebens bauen wir ein Bergmassiv aus emotionalen und intellektuellen Bildern auf. Scharfe Konturen, vielfältige Landschaften und differenzierte Feinheiten lassen uns die Bilder im Kopf als „real" erscheinen. Alles scheint echt und wahr. Aber mit jedem Stückchen Zukunft – mit jeder weiteren Sekunde – legt sich eine feine Staubschicht auf das, was wir erlebt haben. Ein kaum sichtbarer Mantel aus grauer Vergesslichkeit verdeckt langsam, was uns einst so nahe schien. Nur ein tägliches „Staubwischen" kann helfen, die Erinnerungen wach zu halten. Allmählich, aber stetig wird der Eindruck unseres Erlebnisgebirges grauer, kontrastärmer, bis wir uns nur noch an die „Highlights", die wirklich hohen Gipfel, erinnern. An das, was am weitesten herausragt.

Profil ist die Chance, in Erinnerung zu bleiben.

Der Praktikant

> Man darf seiner Zeit nur so weit voraus sein,
> dass es die anderen auch noch merken.
>
> Thomas Reis

Ich habe im Lauf meines Berufslebens schon mit vielen Praktikanten gearbeitet, und die meisten von ihnen haben wirklich gute Arbeit geleistet. Trotzdem hat es in all den Jahren keiner von ihnen geschafft, ein scharfes Profil zu entwickeln, das mir heute noch im Gedächtnis wäre. Und ich frage mich, warum das so ist.

Werden Sie sich zweier Zusammenhänge bewusst, die Sie täglich nutzen können, um Ihr Profil zu schärfen oder – bei neuen Kontakten – von Grund auf zu entwickeln.

1. Der erste Eindruck ist immer der stärkste. Die ersten sieben Sekunden eines Auftritts entscheiden darüber, was

der andere von Ihnen denkt. Egal, ob es sich um eine Rede, eine Präsentation, die Vorstellungsrunde auf einer Party oder die Begrüßungszeremonie unter Geschäftsleuten handelt – der Anfang darf nicht unterschätzt werden und ist immer eine Vorbereitung wert.

2. Der Eindruck, den Ihr Gegenüber gewinnt, ist immer auch eine Reaktion auf Sie und Ihre Kommunikation. Das heißt, Sie bestimmen (zumindest teilweise), was der andere denkt. Deshalb liegt aller Anfang bei Ihnen.

Um die Frage nach dem fehlenden Eindruck der Praktikanten zu beantworten: Alle machten denselben Fehler. Sie erkannten nicht, wie wichtig es ist, schon bei der ersten Begrüßung einen selbstsicheren, interessierten und kompetenten Eindruck zu machen. Man könnte auch sagen, sie verkauften sich unter Wert.

Welches Profil Sie abgeben, liegt in Ihrer Hand.

„Es ist nichts einfacher, als dort, wo man für dumm gehalten wird, einen dementsprechenden Eindruck zu machen."

Jörg Mosch

Joe Cocker oder: Lieber Denkfalten auf der Stirn als gar kein Profil!

Es gibt viele Merkmale, die einen Amateur von einem Profi unterscheiden. Eines davon mag das Profil sein, d. h. seine typische und un-verwechselbare Eigen-Art. Während der Amateur vergebens versucht, die Eigenheiten und Unstimmigkeiten auszumerzen, weiß der Profi, dass gerade sie Gold wert sind. Frei nach dem Motto „Gut ist, was anders ist!" werden die Eigenarten oft in den Mittelpunkt gestellt. Ja, sie werden oft sogar ein Synonym für diesen Menschen.

Nehmen wir beispielsweise die Gestik von Joe Cocker. Stellen Sie sich vor, der unbekannte Joe ginge eines Sams-

tagabends in die Disko und würde zum nächtlichen Beat sei-
nen Körper in der Weise bewegen, wie wir ihn von der Büh-
ne kennen. Was würden die anderen denken? Ein perfekter
Tänzer, was für eine elegante Gestik? Wohl kaum. Michael
Jackson mag dagegen in seinen Tanzbewegungen auf seine
Art und Weise perfekt sein. Hätte Joe Cocker aber jemals ei-
ne Chance gehabt, wenn er versucht hätte, ein perfektes
Profil zu entwickeln, indem er Michael Jackson nachahmt?

> *„Schneeflocken sind wie Menschen, alle voneinander verschieden*
> *und schön. Schaden können sie nur, wenn sie in der Masse*
> *ihre Eigenart verlieren"*
>
> Bill Vaughan

„Wir können alles, nur nicht Hochdeutsch!"

Mit diesem Slogan wirbt das Land Baden-Württemberg für
seine wirtschaftlichen Errungenschaften und für sich als in-
dustriellen Standort. Der schwäbische Dialekt ist einfach unverkennbar, und kaum einem Schwaben gelingt es – und sei
er noch so kultiviert und im Reden geschult – seine sprachliche Herkunft zu verleugnen. Denken Sie dabei an Politiker
wie Klaus Kinkel, Lothar Späth oder Wolfgang Schäuble.

Und warum sollten sie diese sprachliche Färbung auch
durch ein gekünsteltes Hochdeutsch ersetzen (solange sie
sich für alle Deutschen verständlich artikulieren!)? Gerade
diese landschaftlichen Färbungen der Sprache wecken oft
die Sympathie der Zuhörer, und sie machen den Redner
eben auch in dieser Hinsicht unverwechselbar, tragen zu seinem Profil bei.

Die Kunst des Eigenen. So könnte man das Wort Eigen-
Art auch umschreiben. Es geht darum, zu erkennen, wie ein
Mensch gestrickt ist, welche Eigenheiten und prägenden
Merkmale er besitzt, um an seinem Profil arbeiten zu kön-
nen. Eine signifikante Gestik, eine tiefe und beruhigende
Stimme, eine klare Aussprache – manchmal sind es die Klei-
nigkeiten, die uns letztlich auszeichnen. Überprüfen Sie Ihre

Mimik und Gestik anhand von Videoaufzeichnungen oder Fotos, fragen Sie Ihren Partner oder Freunde, was für Sie typisch ist. Dann können Sie sich über Ihre Individualität freuen und sie bewusst einsetzen.

„Je älter man wird, desto ähnlicher wird man sich selbst"

Diese Erkenntnis des französischen Schauspielers und Chansonniers Maurice Chevalier deutet auf eine Chance hin, die im Älterwerden liegt:

Interessanterweise gelingt es meist erst um die Lebensmitte, sich mit den persönlichen Eigenarten zu versöhnen, vor allem, wenn man zum Beispiel hört: „Du bewegst deine Arme beim Laufen genau wie dein Vater!", oder „Dein Gesichtsausdruck, wenn du etwas nicht verstehst, wird dem deiner Mutter immer ähnlicher!". – Es liegt in der Tat eine große Chance darin, sich so anzunehmen, wie man nun einmal ist, und dann auch noch stolz auf dieses Profil zu sein.

Der Schlüssel zu Ihrem Profil liegt in Ihrer Eigen-Art.

4. Prägnant

> *„Die Sprache ist die Kleidung der Gedanken"*
> *Samuel Johnson*

Alle Menschen leiden unter Alzheimer!

Wirklich? Was wir damit zum Ausdruck bringen möchten, ist die Tatsache, dass alle Menschen vergesslich sind, sich nicht alles merken können und auch nicht wollen. Was bei den einzelnen Menschen „hängen bleibt", ist abhängig von vielen Faktoren: Von ihren Interessen und Vorlieben, von ihrer Vorinformation, ihrer Gedächtnisleistung, ihrer individuellen Reizüberflutung usw. Erstaunlicherweise werden tatsächlich sämtliche Informationen, die wir mit unseren Sinnen aufnehmen, auch in unserem Gehirn gespeichert. Zu unterscheiden sind die Informationen, die wir bewusst aufgenommen haben und wieder aus dem Kurzzeitgedächtnis abrufen können, und solche, die wir unbewusst aufgenommen haben, und die deshalb in unserem Unterbewusstsein gespeichert sind. Man geht von einem Verhältnis von 7 zu 93 aus, wonach wir 7 Prozent bewusst aufnehmen und verarbeiten, die restlichen 93 Prozent bleiben uns zunächst verborgen. Teile dieser 93 Prozent verarbeiten wir in Träumen oder sie werden uns manchmal bewusst, wenn wir eine Nacht darüber geschlafen haben.

Einer Untersuchung zur Merkfähigkeit der in der Tagesschau verlesenen Nachrichten hatte ergeben, dass nur ein Bruchteil der Meldungen wieder abgerufen werden konnte. Die Zuschauer merken sich demnach nur einen geringen Teil der präsentierten Informationen.

> *Arbeiten Sie gegen die Vergesslichkeit und Reizüberflutung*
> *Ihrer Mitmenschen: Verleihen Sie Ihrer Sprache,*
> *Ihrer Kommunikation Prägnanz.*

Auch wenn Sie die Situation (noch) nicht selbst im Fernsehen oder live beobachten konnten, haben Sie sicher gehört (und Sie können sich daran erinnern!), wie Präsident John F. Kennedy in seiner Ansprache nach dem zweiten Weltkrieg in Berlin sagte: „Ich bin ein Berliner!". Was hat diesem Satz nur soviel Prägnanz verliehen, dass fast jeder Deutsche ihn in Erinnerung hat?

Prägnanz klingt nach Prägen und bedeutet im Deutschen so viel wie „gehaltvoll, eindrucksvoll, knapp und bedeutsam." All das trifft auf Kennedys Satz zu, und deshalb können sich Generationen von Deutschen diesen Satz merken. Kennedy hinterließ diesen Eindruck durch seine Wortwahl, aber auch durch die besondere Situation, in der diese Worte gesprochen wurden. Diese beiden Aspekte, die der rhetorischen und der inhaltlichen Prägnanz, beleuchten wir im Folgenden. Denn es ist einleuchtend, dass eine prägnante Sprache auch eine kraftvolle Sprache ist. Beschäftigen wir uns also mit der Frage, wie wir unserer Sprache Prägnanz verleihen können. Welche „Prägungsmöglichkeiten" gibt es?

Inhaltliche Prägnanz

Einer unserer Freunde plante eine Geschäftsreise in die USA, die ihm jedoch zunächst von seinen Vorgesetzten nicht genehmigt wurde. Innerhalb der Firma wurde aus Kostengründen ein striktes Reiseverbot verhängt. Was tun? Ein weiterer Vorstoß bei seinem Vorgesetzten führte letztendlich zum Erfolg, und er konnte seine Reise antreten. In seiner Argumentationskette gegenüber dem Vorgesetzten hatte er die Wichtigkeit seiner Reise nochmals in Bezug auf die übergeordneten Geschäftsziele verdeutlicht. Isoliert gesehen wäre diese einzelne Reise als weniger wichtig erachtet worden.

Die inhaltliche Prägung wurde demnach durch die Verknüpfung mit übergeordneten Zielen erreicht, einem Hilfsmittel, dessen wir uns in vielen Situationen bedienen können. Das kann der Bezug auf gesellschaftliche Werte sein, auf kollektive Ziele, auf langfristige Phänomene, die nicht nur dem einzelnen, sondern der Gesellschaft dienen. Denken Sie an Inhalte wie Gerechtigkeit, sozialer Frieden, das Wohlergehen von Kindern, Umweltprobleme, Gleichberechtigung – Themen und Werte also, die die Gesellschaft in ihr Wertesystem integriert hat.

So können kleinere Ziele oder Argumentationen untermauert werden, indem sie ins Verhältnis zum „Big Picture" gesetzt werden. Mit Hilfe der einfachen Frage: „Um was geht es denn im Grunde?", „Was ist das übergeordnete Ziel?" versetzen wir uns selbst in die Lage, kleine Ziele im Verhältnis zu Übergeordnetem zu sehen und dies dann auch in unsere Argumentation einzubauen.

*Schaffen Sie für Ihre Anliegen den inhaltlichen Bezug zu
übergeordneten Zielen und Werten.*

Rhetorische Prägnanz ... eine Rede mit Folgen

■ *Die rhetorische Frage* (also die Frage, auf die Sie keine Antwort erwarten)

Vor nicht allzu langer Zeit hielt ich eine Rede vor der
Geschäftsführung eines IT-Herstellers. Ich begann mit der
rhetorischen Frage: „Was benötigen denn die Kunden Ihrer
Meinung nach am meisten?" Kaum hatte ich die Frage
gestellt, wollte mir ein Vertreter der Geschäftsführung
antworten. Als ich jedoch unmittelbar nach der gestellten
Fragen sofort mit meinem Vortrag fortfuhr und er mir
beinahe ins Wort mit seiner Antwort gefallen wäre, brach
das ganze Gremium in Gelächter aus. Und er mit. Auch
wenn nicht ganz klar war, dass dies eine rhetorische Frage
hätte sein sollen, hatte sie dennoch ihre Wirkung hinterlassen; sie stand im Raum und begleitete den gesamten Vortrag.

■ *Die Polarisierung*

In Extremen zu sprechen oder auch die gedankliche Polarisierung kann dabei helfen, das gesamte Spektrum einer
Situation zu erkennen. Wie können wir diesen Fakt nutzen,
um das Gesagte so prägnant zu gestalten, dass es dem Zuhörer in Erinnerung bleibt? Sie befinden sich innerhalb einer
Diskussion über ältere Autofahrer und die Sicherheit im
Straßenverkehr oder halten eine Rede hierüber. Eine Einlei-
tung wie beispielsweise „Wir sollten allen Autofahrern ab
dem sechzigsten Lebensjahr den Führerschein entziehen!"
würde sicherlich bei Ihren Zuhörern auf Unverständnis stoßen und eine heftige Diskussion entfachen. Trotzdem könnten Sie ein solches Mittel nutzen, um an die Thematik heran-

zuführen und die Bandbreite der Möglichkeiten schlaglicht-
artig zu verdeutlichen.

> *Nutzen Sie rhetorische Mittel, um Ihrer Rede Prägnanz*
> *zu verleihen.*

■ *Andere rhetorische Mittel*

Was kann Ihnen noch helfen, Prägnanz in der Sprache zu gewinnen?
Dies sind einige Beispiele:

- ■ Pausen (nach oder vor wichtigen Aussagen);
- ■ Betonung;
- ■ Unterstreichung durch Körpersprache;
- ■ die Sprechgeschwindigkeit;
- ■ Pointieren – Überzeichnen;
- ■ Lautstärke;
- ■ Wiederholungen;
- ■ Sprechen in Bildern und Metaphern.

Zum Abschluss noch ein Beispiel aus dem bundesdeutschen
Alltag, das Ihnen allen vertraut ist und an dem deutlich wird,
wie sie Prägnanz ganz sicher vermeiden können.

Wer kennt sie nicht, die Diaabende oder Fotosessions bei
Freunden und Verwandten nach dem Sommerurlaub. Meist
orientiert sich der Erzähler am zeitlichen Ablauf der
„schönsten Wochen des Jahres" (und verleiht seinem Vortrag
somit zumindest eine Struktur) – für die Zuhörer und Zuschauer scheint die Situation jedoch ausweglos. Die nächsten
Stunden sind vorprogrammiert, ein Entkommen nicht mehr
möglich. Unterstrichen wird das Desaster meist noch durch
die unerträgliche Penetranz der Detailebene, in der die Er-
lebnisse vorgetragen werden. Der oder die Erzähler (meist
treten sie als Paar auf, was sicherstellt, dass auch bloß kein
Detail vergessen wird), getrieben durch den Irrglauben, den

Zuhörern schöne Stunden zu bereiten, treiben ihr Unwesen bis zum Exzess, die Rettung für die Geplagten naht meist erst spät nach Mitternacht.

Was könnte einem solchen Abend mehr Prägnanz verleihen? Dramaturgie? Die ist meist nur sehr guten Erzählern vorbehalten, und oft lässt auch der durchschnittliche Sommerurlaub wirkliche Spannung und Dramatik vermissen. Orientierung an den Interessen der Zuhörer, die sich vorher erfragen ließen? Schon möglich, aber weit gefehlt, denn dann müsste sich der Vortragende tatsächlich aus dem Sendemodus heraus in den Aufnahmemodus begeben…

> *Struktur ist die Basis dafür, verstanden zu werden.*
> *Sie macht das Detail erträglich!*
> *Ausnahme: Der Urlaubsdiaabend!*

▪ Situationsbedingte Prägnanz

John F. Kennedys Worte „Ich bin ein Berliner" erhielten ihre Prägnanz vor allem durch die besondere Situation, in der er diese Worte von sich gab. In einem von der Außenwelt abgeschnittenen Berlin, in dem alles in Schutt und Asche lag, in einer Zeit, in der die Menschen der Nachkriegszeit ums tägliche Überleben kämpfen mussten, sagte der amerikanische Präsident zu diesen Menschen „Ich bin ein Berliner". Besser hätte er seine Solidarität kaum zum Ausdruck bringen können.

Wie können wir situationsbedingte Prägnanz nutzen? Sicherlich gibt es wenige Situationen, die der oben beschriebenen gleichen. Wahrscheinlich kommen die wenigsten unserer Leser in eine vergleichbare Situation, aber schon die Wendung „das richtige Wort am richtigen Ort zum richtigen Zeitpunkt" zeigt, dass es auch im alltäglichen Leben darauf ankommt, sich immer auch die Situation, die Umstände vor Augen zu führen, in denen wir sprechen. Nur so können wir kraftvolle Worte säen, die auf fruchtbaren Boden fallen.

■ *Prägnanz zur Vermeidung von Unsicherheit*

Klaus Pawlowski und Hans Riebesahm beschreiben in ihrem Buch „Suggestion" das Bedürfnis des Menschen nach Prägnanz: Prägnanz – wie auch ihr Gegenteil Diffusion – sind Merkmale

a) der Situation und
b) der Art und Weise, wie wir sie erleben (vgl. S 25, 26).

Als prägnant erleben wir eine Situation dann, wenn sie bekannt ist, wenn die Abläufe strukturiert und die Folgen kalkulierbar sind. Kurz: Prägnanz ist klare Kontur. Diffuse Situationen können wir nicht gut ertragen, denn wir haben ein Grundbedürfnis nach Prägnanz. Eric Berne nannte das den „Hunger nach Struktur".

Wenn eine Situation verschwommen, komplex, wenig greifbar, kaum vorhersehbar ist, dann führt das dazu, dass wir uns hilflos fühlen. Und diese Hilflosigkeit macht uns anfällig für Beeinflussung von außen, sprich für Suggestion.

Welche Signal- oder Schlüsselwörter helfen uns also, eine unstrukturierte, diffuse Situation, die uns verunsichert, in eine greifbare, prägnante Situation zu verwandeln? Unser Gehirn versucht, neue Dinge, Gedanken, Unbekanntes in die bekannten Muster einzureihen, um Sicherheit zu gewinnen. Bei diesen Signalworten und Schlüsselsätzen geht es zum einen darum, dem anderen das Gefühl zu geben, ihm beizustehen und somit Sicherheit zu verleihen. Zum anderen geht es darum, ihm die Diffusität inhaltlich zu nehmen, mit dem Ziel, die Situation prägnant zu gestalten, damit die Einreihung in Bekanntes wieder möglich wird. Es geht auch darum, das Maß an vorhandenem Zweifel zu minimieren.

Komm, das schaffen wir schon, lass uns Schritt für Schritt an die Thematik herangehen.
Ich bin bei dir, ich helfe dir...
In welchen Punkten bist du unsicher...
Ich unterstütze dich...
Das haben andere auch schon geschafft... (dann schaffst du das auch)

Schön, solche Sätze zu hören, in dieser Art ausdrücklich und prägnant ermutigt und unterstützt zu werden. Und auch dem, der diese Hilfe gibt, tut das gut. Gehen wir nicht mit solchen hilfreichen Sätzen meist zu sparsam um, machen wir uns die Bedeutung unserer Äußerungen in solchen Situationen bewusst genug?

Wie alltäglich und oft gehört klingen uns dagegen die im Anschluss folgenden Signalsätze, die genau das Gegenteil bewirken! Sie verstärken die diffuse Situation und tragen zur weiteren Verunsicherung des Angesprochenen bei. Falls Sie also demnächst eine neue Kollegin einarbeiten, Ihrem Kind bei den Hausaufgaben helfen wollen oder als Lehrer vor Kindern, Jugendlichen oder Erwachsenen stehen: Lassen Sie die folgenden Sätze nicht über Ihre Lippen kommen – Sie reden sich sonst selbst um den Erfolg Ihrer pädagogischen oder didaktischen Bemühungen! Es ist mittlerweile eine Binsenweisheit, dass verunsicherte „Schüler" blockiert sind und viel schwerer lernen als Schüler, die Unterstützung, Verständnis und Lob auch sprachlich vermittelt bekommen.

Also, vermeiden Sie in Zukunft folgende und ähnliche Schlüsselsätze:

Das ist doch vollkommen klar! (implizit: Warum kapierst du das wieder nicht!)
Also wenn du das schon nicht verstehst… (dann kapierst du den Rest schon gar nicht!)
Das schaffst du nie! (Das trau ich dir einfach nicht zu.)
Die Situation ist viel komplexer, als du dir das ausmalen könntest. (… dank deiner einfachen Struktur begreifst du das ohnehin nicht …)
Auf Grund meiner Erfahrung wäre ich das Problem ganz anders angegangen…(du verstehst das nicht – wie immer)
Du weißt ja nicht, auf was du dich da eingelassen hast…(wieder mal nicht überlegt)

Streichen Sie also diese Wendungen möglichst schnell aus Ihrem Wortschatz, und:

Eine klare, positive, und ermutigende Sprache schafft Prägnanz und Sicherheit.

5. Konstruktiv

„Wie ein Licht die Motten anzieht, so zieht ein klarer, konstruktiver Gedanke Geld, Menschen und Wissen an."
Raymond Hull

Konstrukteure der Zukunft

Wir sind davon überzeugt, dass die meisten Menschen im Grunde konstruktiv sind. Denn jeder von uns ist bemüht, etwas vorwärts zu bringen, etwas zu entwickeln, Ziele zu verwirklichen. Das eigene Haus, eine Familie, eine hohe Fertigkeit in einem Hobby – wie auch immer die Ziele eines Einzelnen gelagert sind, wir können feststellen, dass alle Menschen Wünsche und Ziele haben und die meisten auch daran arbeiten, Ihren Zielen näher zu kommen und somit in einem eigentlichen Sinne „Konstrukteure ihrer Zukunft" bzw. konstruktiv sind.

Hierin liegt aber zugleich auch das Problem. Wenn Sie von Ihren eigenen Zielen sprechen, meinen Sie meist ihre persönlichen Ziele. Und persönliche Ziele stehen oft im Konflikt mit den persönlichen Zielen anderer oder mit allgemeinen Zielen Dritter (z. B. in der Arbeit, im Straßenverkehr, im Zusammenleben oder in der Nachbarschaft). Wird aber nun verlangt, dass sich all unser Tun und Streben auf den Erfolg einer gemeinsamen Sache konzentriert, z. B. als Mitarbeiter in einem Unternehmen, werden die Grenzen der konstruktiven Arbeit schnell deutlich. Menschen geben vor, konstruktiv im Sinne der Sache zu sein, verfolgen aber insgeheim ihre eigenen persönlichen Ziele. Ergebnis: Unter dem Deckmantel von Vorschriften, Kleinigkeiten, Details, Traditionen und anderen Vorbehalten werden eigene Ziele verfolgt. Dieses Verhalten gegenüber der Sache ist destruktiv.

> *Die Natur des Menschen lehrt uns:*
> *Persönliche Ziele haben Priorität.*

Die Kraft konstruktiver Kommunikation

Wie wir sehen, hat konstruktives Handeln und Kommunizieren (Kommunikation ist auch eine Form des Handelns und Schweigen eine Form der Untätigkeit) viel mit den eigenen Zielen und Wünschen zu tun. Daraus ergibt sich der Ansatzpunkt des Zielemanagements. Wenn ich es schaffe, meine Ziele zu den persönlichen Zielen meines Gegenübers zu machen, kann ich auch erwarten, dass er konstruktiv an der Erlangung dieser Ziele mitwirken wird.

Hieraus ergibt sich ein interessanter Ansatzpunkt, den Sie in der täglichen Kommunikation aufgreifen können. Wenn Sie Menschen von einer Sache überzeugen wollen, finden Sie die Argumente und Aspekte, die am ehesten mit den Zielen und Wünschen des anderen konform sind. Jeder Verkäufer komplexerer Produkte und Dienstleistungen kennt diese Technik. Es geht darum, dem potentiellen Käufer einen positiven Beurteilungs- und Entscheidungsrahmen zu vermitteln. Nehmen wir das Beispiel des Autoleasings: Das Produkt Leasing bleibt unverändert, der Bezugsrahmen und die Argumentation ändert sich aber entsprechend der Kundensituation.

Kunde	Ziel	Bezugspunkt zum Produkt
Geschäftskunde 1	Geringes Betriebsvermögen	Leasingrate ist Betriebsausgabe
Geschäftskunde 2	Gleichbleibender Cash-Flow	Leasing vermeidet große einmalige Anschaffung
Privatkunde 1	Mangelnde Liquidität	Leasing hat geringe Einstiegshürde
Privatkunde 2	Verwaltung und Verkauf	Keinerlei Verpflichtungen, das Auto wieder loszuwerden

Das Beispiel zeigt deutlich, wie simpel der Zusammenhang ist. Ein Verkäufer muss wissen, auf was der Kunde anspricht, welche Ziel er hat bzw. welche Situation er zu meistern versucht. Nur so lässt sich ein Bezugs- und Entscheidungsrahmen aufbauen, in dem vom Kunden ein „konstruktiver" Beitrag (sprich Entscheidung für den Leasingvertrag) zu erwarten ist.

Wie gestalten Sie Ihre Worte und Taten, sodass sie für Ihr Gegenüber relevant und interessant sind?

Das Reichsbedenkenträgertum

Der Begriff mag Ihnen befremdlich anmuten. Uns auch! Dennoch hat sich diese Wortkreation in unserem persönlichen Wortschatz etabliert. Sie beschreibt Menschen (Reichsbedenkenträger), die sich dadurch auszeichnen, dass sie eher zweifeln als glauben, dass sie eher nein als ja sagen, dass sie eher Probleme als Lösungen sehen, dass sie eher Gefahren als Chancen erkennen, dass sie eher schimpfen als loben, dass sie eher lästern als zustimmen, dass sie eher schwächen als bestärken, dass sie eher negativ als positiv scheinen, dass sie eher Ideen killen als neue zu entwickeln. Und das alles in blinder Besessenheit. Reichsbedenkenträger sind die Spezies von Menschen, die erzogen wurden, kein Risiko einzugehen, den Wandel zu meiden und an Altem festzuhalten. Reichsbedenkenträger (kurz: RBT) sind immer noch nicht vom Aussterben bedroht und treten – so unsere erste empirisch belegte Hypothese des Reichsbedenkenträgertums – umso häufiger auf, je mehr die Menschen am Erhalt eines Status quo gemessen werden als an Innovation, Entwicklung und Veränderung.

Konstruktive Kommunikation fällt diesen Menschen schwer. Denn konstruktive (Steigerung: innovative?) Kommunikation versucht, Ideen zu fördern, in Lösungen zu denken, zu sehen, was möglich ist, und anderen bei ihren Vorhaben Mut zuzusprechen, zu motivieren. Konstruktive Kommunikation versteht sich als Werkzeug des Konstrukteurs.

> *Konstruktive Kommunikation ist ein Werkzeug*
> *zur Gestaltung der Zukunft.*

Sonne oder Kultur?

Neben der Facette des zukunftsgerichteten Konstrukteurs enthält das kommunikative Merkmal „konstruktiv" auch den Aspekt des *Win/Win-Denkens*. Hier geht es um den

Wunsch, die Interessen des anderen wahrzunehmen und darauf zu achten, dass es möglichst für niemanden eine Niederlage gibt. Konstruktiv ist hier also besonders als Gegenteil zu „destruktiv" zu sehen.

Nehmen wir als Beispiel das Thema Urlaubsplanung im Kreise der Familie: Ohne dass es bisher ausgesprochen wurde, ist klar, dass es den einen eher an den Strand im sonnigen Süden zieht, während der andere die Kulturreise durch Rom vor Augen hat. Welches Szenario erwarten Sie? Der eine sagt Rom, der andere sagt: auf keinen Fall. Der zweite sagt: Strand, der erste antwortet: unter keinen Umständen. Die Ideen sind tot. Die Entscheidung wird sich durch die Macht des Stärkeren oder die Vernunft des Schwächeren ergeben. Eigentlich schade. Eine konstruktive Kommunikation würde helfen, leichter und schneller gemeinsame Alternativen zu finden, Kompromisse herauszuarbeiten.

Was ist zu tun?

- ▓ Die Grundhaltung: Interesse am Interesse des anderen
- ▓ Das Ziel: Bereitschaft zu einem Kompromiss
- ▓ Die Kommunikation:
  1. Das eigene, eigentliche Ziel klar formulieren (in unserem Beispiel ist das nicht notwendigerweise Rom, sondern vielleicht das Interesse am Besuch kunsthistorischer Stätten), dabei möglichst noch viele Optionen offen lassen.
  2. Kompromissbereitschaft äußern; betonen, dass man an einer Lösung interessiert ist, die beide zufrieden stellt.
  3. Interesse am Interesse des anderen zeigen: Fragen stellen, das eigentliche Interesse erkunden.
- ▓ Der Leitgedanke: Denken in Alternativen, was wäre noch denkbar, welche Orte kommen noch in Frage, wie könnte man beides verbinden, heute und in Zukunft, das Thema weiten, bevor man es auf Rom oder Mallorca reduziert.

Das Ergebnis einer solchen konstruktiven Kommunikation ist nicht abzusehen und in jedem Einzelfall unterschiedlich. Denkbar ist, dass der Urlaub halb in Rom und zur anderen Hälfte am italienischen Mittelmeer verbracht wird; denkbar ist auch, dass ein völlig anderer Ort gefunden wird, am dem sich beide Interessen (Sonne und Kultur) verbinden lassen (Griechenland, Türkei?). Denkbar ist eine längerfristige Planung (dieses Jahr und nächstes Jahr), denkbar sind noch viele andere Kompromisse und Lösungen ... In jedem Fall steht aber der *Win/Win-Gedanke* im Vordergrund, das heißt, dass keine der Parteien als Verlierer den Familientisch verlassen muss, weil sein Wunsch nun überhaupt nicht berücksichtigt wurde.

> *Konstruktive Kommunikation bietet Optionen, auf unterschiedlichen Meinungen, Wünschen, Interessen aufzubauen, um etwas Gemeinsames entwickeln zu können.*

6. Humorvoll

> *„Gibt es schließlich eine bessere Form,*
> *mit dem Leben fertig zu werden, als mit Liebe und Humor?"*
> Charles Dickens

Wer den Humor auf seiner Seite hat, hat die Menschen auf seiner Seite

Nicht immer und nicht überall. Aber oft ist Humor eine Zutat, die das Rezept erfolgreicher Kommunikation verfeinert. Man könnte sagen, Humor ist das Salz in der Sprach-Suppe. Dabei ist natürlich die Frage zu stellen, was mit Humor eigentlich gemeint ist.

Was ist Humor im Unterschied zu Witz, Spaß, Ironie, Sarkasmus und Schadenfreude? Wenn wir von Humor als einem wichtigen Bestandteil erfolgreicher Kommunikation sprechen, dann meinen wir:

- die Dinge mit heiterer Gelassenheit nehmen,
- Abstand zur Sache und sich selbst haben,
- auch einmal über sich selbst lachen,
- seinen Mitmenschen mit Toleranz und Geduld begegnen,
- nicht grimmig schauen, sondern freundlich sein.

Diese Art von Humor beweist gereifte Überlegenheit und Gelassenheit, vermittelt das Gefühl: „Wir kriegen das schon hin, und wenn etwas schief gehen sollte, dann machen wir das Beste daraus". Sie können leicht nachvollziehen, dass diese Haltung eine Stimmung erzeugt, in der sich Menschen wohl fühlen. Ihre Kollegen, Ihre Familie, Ihre Nachbarn und Freunde, aber auch die Kassiererin in Ihrem Supermarkt. Wer nur über andere lachen kann, aber die eigenen Fehler verbiestert und mit grimmigem Schimpfen übertüncht, schafft weder eine angenehme Atmosphäre, noch präsentiert er sich souverän.

Humor ist, wenn man trotzdem (über sich) lacht.

Nur intelligente Menschen haben Humor

> *„Ich glaube, dass der Humor mehr im Kopf sitzt als im Herzen. Dummköpfe sind humorlos."*
> Lee Ramick

Dass Lee Ramick Recht hat, ergibt sich aus folgender Überlegung: Humor ist das Ergebnis einer intellektuellen Leistung, die dadurch gekennzeichnet ist, dass sie

- Subjekt und Objekt trennt,
- das Geschehen aus der Metaebene betrachtet,

■ untypische Dinge ins Verhältnis setzt,
■ Lebenserfahrung und Menschenkenntnis in die eigene
  Verhaltensweise integrieren kann.

All dies ist erforderlich, um humorvoll durchs Leben gehen
zu können. Ist Humor also anstrengend? Eigentlich nicht. So
wenig Rechnen für jemanden anstrengend ist, der im Rechnen geübt ist, so sehr ist Humor für denjenigen selbstverständlich, dem diese Art der Begegnung mit der Umwelt zur
Wesensart geworden ist. Wer allerdings noch nie über sich
lachen musste, wer noch nie eine Beleidigung mit einem Lächeln wegstecken konnte und wer ein Problem nicht von
ganz weit weg betrachten kann, der sollte sich nicht zu sehr
darauf verlassen, dass er seine Kommunikation mit Humor
aufpolieren kann.

> **Humor ist das Ergebnis von Lebenserfahrung
> und intellektueller Leistung.**

Vom langjährigen Generalintendanten der Bayerischen
Staatstheater und bayerischen Staatsintendanten Professor
August Everding gibt es ein Zitat zum Thema Humor, das
wir hier aufgreifen wollen, weil es die Fähigkeit zu empathi-
scher Kommunikation erläutert. Everding sagte einmal:
*„Humorlosigkeit ist die Unfähigkeit, eine andere Wirklichkeit
wahrzunehmen als die eigene."* Auch diese Aussage bestätigt unsere These, dass kommunikative Intelligenz vor allem auch
darin besteht, sich auf den Gesprächspartner einstellen zu
können. Und dazu gehört die grundlegende Einsicht, dass es
immer so viele Wahrheiten und Wahrnehmungen der Wirklichkeit wie Gesprächsteilnehmer gibt. Allein diese Erkenntnis befähigt uns als Sprecher, eine dem anderen zugewand-
te, offene und tolerante Grundhaltung einzunehmen – und
dazu gesellt sich dann auch der Humor. Denn Humor entsteht eben aus dieser Erkenntnis der Vielfalt und Unter-
schiedlichkeit, die unser Leben zwar interessant und reich

macht, aber auch oft Missverständnisse und Verletzungen hervorbringt.

Humor ist demnach ein wichtiger Baustein, wenn es um die Kraft des Wortes geht, denn wenn Sie Humor zeigen, erkennt Ihr Gegenüber Ihre souveräne Lebenseinstellung. Humor kann man nicht mit Beispielsätzen und rhetorischen Signalwörtern „lernen", Humor muss wachsen und reifen. Humor hat etwas mit Ihrer Persönlichkeitsentwicklung zu tun. Und dennoch kann auch ein Schüler, der kein Rechengenie ist, zu akzeptablen mathematischen Leistungen kommen, wenn er sich für das Fach interessiert und bereit ist, zu lernen und zu üben. Deshalb: Überprüfen Sie Ihre Gedanken und Sichtweisen immer wieder und bemühen Sie sich um eine positive Grundhaltung.

Gelassene Lebensfreude und wohltuender Abstand zu den Widrigkeiten des Lebens sind wichtige Grundlagen für eine erfolgreiche Kommunikation.

Das Pavarotti-Konzert

Sie lesen dieses Buch, um Ihrer Kommunikation mehr Kraft zu verleihen, um durch Ihre Sprache Menschen für sich zu gewinnen. Dass Humor dabei eine nicht zu unterschätzende Rolle spielt, haben wir Ihnen nun dargelegt. Außerdem ist das ein Aspekt, den jeder von Ihnen sicherlich aus eigener Erfahrung bestätigen kann: Es ist einfach angenehmer, mit humorvollen Menschen zusammenzuleben und zusammenzuarbeiten. Für die „Kraft des Wortes" ist also zum einen Ihre Grundeinstellung wichtig, zum anderen aber natürlich auch Ihre Sprache. Zum Abschluss dieses Kapitels noch ein Erlebnis, das Ihnen eine zusätzliche Wirkung von Humor deutlich macht:

Wenn der Star-Tenor Pavarotti sich die Ehre gibt, ist das schon fast keine einfache Unterhaltung mehr. Es ist etwas Besonderes, etwas Ernstes. Um so schöner, wenn sich herausstellt, dass sich manche Menschen Ihren Humor nicht nehmen lassen. Da es sich im Juli in Aschaffenburg um ein Freilichtkonzert handelte, standen am Eingang zur Konzertarena Verkäufer und boten ihre nützlichen Utensilien feil. Als ich an einem solchen Verkäufer vorbeilief, wurde ich Zeuge einer Situation, über die ich mich sehr amüsierte: Ein Besucher fragte den Verkäufer von Regencapes und Sitzpolstern, ob er denn auch Ohrenstöpsel hätte!

Beim Niederschreiben war ich mir nicht mehr sicher, ob diese kleine Szene allen Merkmalen unserer Humordefinition standhielte. Aber in diesem Moment dachte ich, dass dieser Zuhörer Humor bewies. Noch mehr gefiel mir aber die Antwort des Verkäufers. Er antwortete so schnell wie lapidar: „Nein, aber der Film hat Untertitel." Irgendwie dachte ich, die beiden verstehen sich.

Humor verbindet.

7. Selbstkritisch

„Der Weg zur Vollkommenheit ist fortwährende Selbstkritik."
Arnold Böcklin

Schwätzer, Schönredner, Laberwichte

Sicherlich sind Sie diesen Menschen schon begegnet. Selbstherrliche Menschen, die ihre Fähigkeiten zur Kommunikation überschätzen. Menschen, die sich häufig selbst loben, ihr Tun meist besser aussehen lassen, als es tatsächlich ist, die – glaubt man ihren Erzählungen – am härtesten arbeiten und dabei die besten Ergebnisse erzielen und ohne deren Leistung die Welt nicht mehr existieren würde. Es sind Menschen mit einem starken Hang zur Egozentrik, zur Selbstdarstellung und Selbstüberschätzung. Menschen, die zu Beginn beeindrucken und bald enttäuschen. Menschen, die große Erwartungen wecken, aber sie selten in Gänze erfüllen: Schwätzer, Schönredner, Laberwichte.

Selbstherrliche Kommunikation verkehrt sich oft ins Gegenteil dessen, was ursprünglich damit erzielt werden wollte. Anstatt sich gut darzustellen, werden Zuhörer gelangweilt, anstatt verbindlich zu sein, wirkt man uninteressiert, anstatt aus dem Dialog zu lernen, brodelt man in seiner eigenen Monolog-Suppe. Und wenn man sich oft genug um die eigene Achse gedreht hat, erscheint einem irgendwann der eigene Standpunkt als Mittelpunkt der Welt. Wie also mit solchen Menschen kommunizieren? Was ist zu tun? Da bedarf es meist sehr klarer Worte, um solche Menschen aus ihrem enggesponnenen Kokon der Selbstbeweihräucherung und Selbsttäuschung zu reißen. Es braucht Worte, die schockieren müssen, um anschließend heilend wirken zu können.

> *Selbstherrliche Kommunikation blockiert.*

Es gibt keine Objektivität

Nun, der Gedanke ist an sich nicht neu. Es gibt keine Objektivität. Jeder Mensch sieht die Welt durch seine Brille, baut sich seine eigenen Welten, seine Wahrheiten auf. Das sind subjektiv empfundene Wahrheiten, die für jemand anderen nicht zutreffen müssen. Jeder Mensch lebt (und kommuniziert) in seiner und aus seiner eigenen Welt heraus. Das ist soweit in Ordnung, aber eben zuweilen auch eine Herausforderung.

Was kann die Kommunikation dazu beitragen, Menschen verschiedener „Welten" zusammenzubringen? Wie muss eine erfolgreiche Sprache aussehen, die Missverständnissen vorbeugt und uns dabei unterstützt, kommunikative Brücken zu schlagen?

In folgender Tabelle haben wir einige Formulierungen gegenüber gestellt, die jeweils die gleiche inhaltliche Aussage
haben, aber im einen Fall subjektiv und im anderen Fall
(vermeintlich) objektiv formuliert sind.

Objektive Formulierungen	Subjektive Formulierungen
Es ist ...	Ich empfinde ...
Du bist ...	Ich sehe dich ...
Kein einziges Mal ...	Ich kann mich nicht erinnern, dass ...
Wir müssen ...	Ich würde mich freuen, wenn ...
Du hast gesagt ...	Was ich verstanden habe, ist ...

Bewusste Kommunikation kann dazu beitragen, dass wir uns
trotz dieser heterogenen Wirklichkeiten deutlich machen
können, dass wir nicht den Anspruch erheben, unsere eigene Welt zum Maßstab zu erheben. Eine Formulierung wie
„Ich empfinde deine Art als merkwürdig" gesteht dem anderen zu, dass diese Art von jemand anderem ganz anders
wahrgenommen werden könnte. Während der Satz „Du bist
merkwürdig" eine Objektivität vorgaukelt, die an sich schon
wieder Diskussionen provoziert.

> **Wir leben und kommunizieren in einer Welt**
> **mit vielen Welten und vielen Wahrheiten.**

Offen für Feedback

Kommunikation, die wir als selbstkritisch beschreiben, for-
dert nicht dazu auf, sich in jedem zweiten Satz in Frage zu

stellen. Was wir allerdings als sinnvoll erachten, ist das Bemühen um Feedback. Denn nichts kann so irrgläubig und engsichtig machen wie ein falsches Eigenbild. Seine Umgebung ab und an dazu aufzufordern, Rückmeldung (zu Inhalt, Sprache oder Verhalten) zu geben, gibt einem die Chance auf ein Fremdbild und auf einen Eigenbild-Fremdbild-Vergleich. Resultat daraus ist oftmals eine geänderte und realistischere Selbsteinschätzung.

Selbstkritische Kommunikation arbeitet aktiv mit Fremdbildern und versucht, sinnvolle Soll-Ist-Abgleiche zu nutzen, um die Wirkung der eigenen Kommunikation überprüfen und das eigene Sprachverhalten anpassen zu können – ohne im Feedback-Strudel zu versinken ("Ich habe echt gespürt, dass du, als ich dich um Feedback gebeten hab, dann als Reaktion auf meine Frage, quasi mir zurückgemeldet hast, dass ich ja nur fragen würde, weil du mir damals gesagt hattest, dass ich zu sehr mit mir beschäft bin. Wie empfindest du meine Frage?").

Fordern Sie Feed-back.

8. Verbindlich

> *"Wir müssen uns die Menschen nach ihrer Art verbindlich machen, nicht nach der unsrigen."*
> Georg Christoph Lichtenberg

Die Kunst, den anderen in den Mittelpunkt zu stellen

Wenn Sie aus einem Gespräch herausgehen, das Sie als verbindlich beschreiben würden, wäre die Unterhaltung so zu charakterisieren: Es war persönlich, ohne zu persönlich zu werden, es handelte von Ihnen, ohne dass Sie sich eine Blöße gaben, Sie spürten das Interesse Ihres Gesprächspartners, aber keine Aufdringlichkeit. Kurz: Einen Moment lang war es Ihrem Gegenüber gelungen, Sie glauben zu machen, Sie seien der wichtigste Mensch für ihn in diesem Augenblick. Sie spürten Respekt, Interesse und Glaubwürdigkeit. Sie spürten Verbundenheit. Das Gespräch war verbindlich.

Der Arzt, der Ihr Leiden untersucht, der Rechtsanwalt, der Ihre Interessen vertritt, der Reisebegleiter, der Ihnen die Sehenswürdigkeiten des Landes vorstellt – alle haben sie denselben Job: den Kunden und seine Interessen in den Mittelpunkt zu stellen. Dies ist zugleich das erste Prinzip der Dienstleistung (Dienstleistung hat viel mit Beziehung und Kommunikation zu tun).

Verbundenheit durch Verbindlichkeit

Kostenlos und nie umsonst

Verbindlich kann man immer sein, die Frage ist nur, in welchem Maß. Wann ist die angedeutete Verbindlichkeit reine Oberfläche („Na, wie geht es Ihnen denn heute so …?") und wann ist sie aufdringlich („Ich trage Ihnen die Einkaufstasche bis in die Wohnung [ob Sie wollen oder nicht!"]). Jede Beziehung braucht ihr richtiges Maß an Verbundenheit und damit auch an Verbindlichkeit.

Wir haben immer wieder festgestellt, dass Verbindlichkeit ein schlagkräftiges Werkzeug im täglichen Kampf kommunikativer Auseinandersetzungen ist. Verbindlichkeit ist zuweilen wirkungsvoller als Drohungen oder Arroganz. Verbindlichkeit gibt den Menschen etwas, dessen Sie sich nicht erwehren können. Es ist so einfach, verlangt keine Zugeständnisse. Und hat eine enorme Wirkung: Verbindlichkeit öffnet eine Tür, die niemand zustoßen kann und bietet dadurch oft überraschend leichten Zugang zu anderen Menschen. Positive Reaktionen, Zugeständnisse, besondere Hilfsbereitschaft und mehr sind die Folge.

Verbindlichkeit ist inzwischen für uns zum Inbegriff intelligenter Kommunikation geworden. Unsere Definition ist durchaus weitgreifend: Eine verbindliche Kommunikation ensteht, wenn Folgendes zum Ausdruck kommt:

- Interesse am anderen;
- Lob für seine Taten;
- Respekt vor seinen Werten, Meinungen;
- Freude, Zeit mit ihm zu verbringen;
- Verantwortung wird wahrgenommen;
- Worten folgen auch Taten (Glaubwürdigkeit).

Uns ist bisher kaum ein Mensch begegnet, der auf ein natürliches, aber deutliches Maß an Verbindlichkeit nicht positiv reagiert hätte: im Supermarkt an der Kasse, bei McDonald's am Tresen, im Taxi, im Flugzeug oder in der Fußgängerzone beim Erfragen des Weges. Auch scheint das Phänomen überregional zu sein: kein Land, in dem es nicht funktioniert. Wer verbindlich nach dem Weg fragt, bekommt mit höherer Wahrscheinlichkeit eine brauchbare Antwort.

> *Man kann sich gegen alles wehren,*
> *nicht aber gegen Verbindlichkeit.*

Das Einwohnermeldeamt in Stuttgart

Es müssen sich einige unglückliche Umstände aneinander gereiht haben, dass ich an jenem Tag nun schon zum vierten Mal vor dem Einwohnermeldeamt stand und in meinem Anliegen nicht weiter kam. Öffnungszeiten und Zuständigkeiten hatten sich zu einem Pakt böser Kräfte vereint und mir übel mitgespielt. Nun, als ich einen weiteren Anlauf wagte, stand ich wieder in diesen Gängen, fand niemanden, der sich zuständig fühlte oder Zeit hatte (Mittagszeit!).

Da kamen drei Damen um die Ecke, unverkennbar Mitarbeiterinnen des Amtes. Birkenstocks schmückten ihre

Füße, in der Hand die Tupperschüssel mit den mitgebrachten Broten, unvorteilhafte Kleidung. Darüber hinaus stand diese Spezies für mich auch repräsentativ für meine verzweifelte Odyssee. In diesem Moment war ich dazu bereit, meinen Gefühlen freien Lauf zu lassen. Ich holte tief Luft und verharrte für einen Moment. Immerhin hatte ich ein Kommunikationsbuch geschrieben mit Tipps wie der 5-Sekunden-Regel, der Macht des *Small Talks* und der Wichtigkeit von positiven, verbindlichen Gesprächen. Mir war nicht danach, freundlich oder gar verbindlich zu sein. Und dennoch packte ich all meine Disziplin und ließ mir etwas Nettes einfallen: Ich sprach das Trio freundlich lächelnd an und bestätigte ihnen, dass sie kompetent aussehen würden und ich ein Problem hätte, bei dem sie mir sicher helfen könnten – es waren nur wenige Worte, die meine eigentliche Frage einleiteten, aber die Wirkung war unverkennbar. Die drei beratschlagten sich untereinander, um mir auch wirklich die beste Antwort zu geben, wiesen mir den Weg und nannten mir alle Einzelheiten, die ich kennen musste. Außerdem boten sie an, dass ich zurückkommen sollte, falls es irgendwelche Probleme gäbe ...

Nur eines von vielen Beispielen, was Verbindlichkeit bewirken kann.

> **Verbindliche Kommunikation schafft positive Resonanz.**

Freundlich oder verbindlich?

Was unterscheidet also „bloße" Freundlichkeit (auch die ist in unserer Gesellschaft manchmal eine bemerkenswerte Erscheinung!) von Verbindlichkeit? Wenn ich freundlich bin, gehe ich positiv auf andere Menschen zu, lasse meine schlechte Laune nicht am Straßenbahnschaffner aus, bemühe mich um ein Lächeln und nette Worte für alle Menschen, die meinen Weg kreuzen. Verbindlichkeit geht weiter als ein paar freundliche Worte, sie bezieht den anderen stärker mit in meine Aktionen und Reaktionen ein, fragt nach den möglichen Interessen des anderen.

In obigem Fall ist klar, dass sich jeder Mitarbeiter einer Institution freut, wenn er als kompetent eingeschätzt wird – und hoffen wir im Grunde nicht alle, dass unsere öffentlich dienstbaren Geister kompetent und tüchtig sind? Vielleicht kommt es auch mehr auf unsere positive Einstellung zu unserem Sachbearbeiter im Finanzamt an, damit er positiv, schnell und zu unseren Gunsten agiert …?!

Der Kraft der Worte geht die Macht der Gedanken voraus.

9. Conclusio

- *Zielorientierung ist das erste Merkmal erfolgreicher Kommunikation. Beschäftigen Sie sich zunächst mit dem, was Sie erreichen wollen, danach erst mit der Frage nach der idealen Vermittlung.*
- *Zuhörerorientierung ist das zweite Merkmal erfolgreicher Kommunikation.*
  Nur wer sich auf die Natur seiner Zuhörer einstellt und für deren Besonderheiten sensibilisiert ist, erhöht die Chance, diese zu erreichen.
- *Profil ist das dritte Merkmal erfolgreicher Kommunikation.*
  Jeder gute Redner hat seine Eigen-Art, die ihm eine persönliche Note verleiht.
- *Prägnanz ist das vierte Merkmal erfolgreicher Kommunikation.*
  Erst ein kontrastreiches Bild lässt den Inhalt entdecken. Verleihen sie Ihrer Sprache Konturen.
- *Konstruktivität ist das fünfte Merkmal erfolgreicher Kommunikation.*

Wer Chancen aufzeigt und benennt, was möglich ist, legt die Grundsteine erfolgreicher Zusammenarbeit. Ein Muss für jede Konfliktlösung.

■ *Humor ist das sechste Merkmal erfolgreicher Kommunikation.*

Wer ihn auf seiner Seite hat, hat meist auch die Menschen auf seiner Seite. Können Sie über sich selbst lachen?

■ *Selbstkritik ist das siebte Merkmal erfolgreicher Kommunikation.*

Der Fremdbild-Eigenbild-Abgleich wie auch die kritische Selbstreflexion sind Voraussetzung für einen permanenten Lern- und Wachstumsprozess.

■ *Verbindlichkeit ist das achte Merkmal erfolgreicher Kommunikation.*

Wie stellen Sie sicher, dass Ihr Gegenüber mit dem Gefühl aus dem Gespräch geht: „Schön, dass wir miteinander gesprochen haben"?

TEIL III

Das Wort im sozialen Kontext: Kommunikation als Basis erfolgreicher Beziehungen

1. Das Wort und die Beziehung

„Jede lange und tiefe Beziehung beginnt mit einem Kurzschluss zwischen Herz und Hirn".

Ernst Ferstl

Erste Erfahrungen in der Schule

Ehen werden geschlossen, Scheidungen vollzogen. Und während die Singles sich bemühen, die Kommunikation als Flirt-Instrument zu nutzen, beklagen die, die sich gefunden haben, mangelndes gegenseitiges Verständnis und füllen die Warteräume der Beziehungstherapeuten. Kommunikation ist wichtig. Kommunikation ist schwierig.

Ich erinnere mich noch gut daran, dass ich schon früh beobachtete, wie meine Mitschüler die Kommunikation einsetzten, um Beziehungen aufzubauen. Die Beobachtungen waren weniger systematischer als intuitiver Natur. Sprachinhalt, Sprachstil und sprachliche Grunddisposition entschieden darüber, wen man wie gut kennen lernen konnte, oder ob überhaupt. Schon zu Schulzeiten wurde mir klar: Kommunikation ist die Grundlage für Beziehungen.

Zurückblickend würde ich meine damalige Situation als „beobachtender Proband mit leichter experimenteller Energie" beschreiben. Denn neben meiner Rolle, in der ich mich für die Kommunikation (und die daraus resultierenden Miss-/Erfolge) meiner Umgebung interessierte, war ich auch beteiligter Kommunikationspartner (unausweichlich als Schüler, aber natürlich auch gewollt). Und natürlich machte

ich auch selbst zarte Versuche, die Kommunikation zur An-
bahnung von Erstkontakten mit Gleichaltrigen (insbesondere des anderen Geschlechts) zielorientiert einzusetzen. Es
blieb mir ja nichts anderes übrig.

Wie schwierig!

Worüber sprechen?

Es war für mich eine unfassbare Tatsache, wie viel Stoff die
eigene Vergangenheit bietet, versteht man es nur, die eigenen Probleme und Herausforderungen in den Mittelpunkt
des Interesses zu stellen. Die Lebensgeschichte als Thema,
die eigene Person als Gesprächsinhalt. Ich hatte mich dies
nie richtig getraut. Entweder schien mir die eigene Vergangenheit zu wenig abenteuerlich, oder ich dachte, sie ginge
niemanden was an. In jedem Fall merkte ich, dass ich mich
mit meinem Verhalten einer Kommunikationsstrategie ver-
schloss, die nicht nur Stunden an Stoff bot, sondern auch
funktionierte. Es schien, als würde das Reden über sich
selbst eine gewisse Nähe und Intimität provozieren, die den
ersten Schritt des Kennenlernens unterstützte – war der Inhalt nun spannend oder nicht. Wer seine Lebensgeschichte
dramaturgisch aufbereitet hatte, der konnte zumindest den
ersten Abend mit der neuen Flamme thementechnisch füllen.

Ein eindrückliches Beispiel für diesen Zusammenhang lie-
fert eine Party, die viele Jahre zurückliegt. Es war die Ge-
burtstagsfeier eines Freundes, die ich in Begleitung meiner
Bekannten Silke besuchte. Da Silke außer mir dort niemanden kannte, stellte ich sie allen Freunden vor, auch meinem
Freund Stephan. Es dauerte nicht lange, da unterhielten sich
Stephan und Silke stundenlang und sichtlich angeregt. Wie
ich später erfuhr, über Stephans Lebensgeschichte. Ich glaube, er offenbarte Silke an diesem Abend mehr von sich, als
ich jemals in unserer zehnjährigen Freundschaft von ihm er-

fahren habe. Von diesem Moment an hatten die beiden immer wieder Kontakt. Silke und Stephan sind heute verheiratet.

Auch wenn es nicht unbedingt meinem Wesen entspricht, schnell oder viel über mich persönlich zu erzählen, so weiß ich heute, dass Beziehung damit beginnt, etwas Persönliches auszutauschen (nicht zu persönlich, aber zumindest verbindlich). Jemandem etwas über sich zu erzählen, ist wie den ersten Schritt zu machen. Ein Angebot des sich Kennenlernens. Auch wenn die meisten Menschen lieber über sich erzählen, als dass sie anderen zuhören. Deswegen lässt sich dieser Zusammenhang im Zuge der Kontaktaufnahme auch anders herum anwenden: Fragen. Fragen stellen, die dem Gegenüber ermöglichen, etwas über sich zu erzählen. Dies zeigt nicht nur Interesse am Gegenüber, sondern verschafft Ihnen auch Einblick in das Seelenleben des anderen.

Viele Small-Talk-Situationen lassen sich so meistern. Ohne zu persönlich zu werden, kann man das Thema Wetter galant umfahren, bietet dem Gegenüber genügend Stoff, um peinliches Schweigen zu vermeiden und bekommt unzählige Anknüpfungspunkte zu einem längeren Gespräch geliefert.

Etwas über sich erzählen ist der Anfang einer Beziehung. Fragen auch.

Der Angeber

Es gab andere Kollegen, derer ich mich ebenso erinnere und die mir bis heute begegnen. Menschen, die ihr eigenes Tun und Handeln, besonders aber ihre Erfolge und (falls die nicht vorhanden) ihre Beziehungen und (falls auch die nicht präsentabel) ihren Besitz thematisieren. Angeber im Volksmund, das sind Menschen, die aus ihrer Eigendarstellung Respekt, Anerkennung und Bewunderung schöpfen wollen. Kommunikationstheoretisch ist diese Spezies durchaus interessant, denn sich und seine Leistung in den Vordergrund zu stellen ist auch wichtig im späteren Berufsleben.

Als Schüler hing noch nicht das tägliche Brot von der Güte der Eigen-PR ab. Aber die Beziehungen. Hatten Angeber bessere Beziehungen? Aus meiner Sicht nein. Aber sie hatten einen Vorteil: Sie waren nie um ein Gesprächsthema verlegen.

Gute Selbstdarsteller sind (vielleicht auch) gute Unterhalter.

Beziehungen beruhen auf Kommunikation

Eines sei vorneweg gestellt: Natürlich gibt es Ausnahmen! Es gibt auch real existierende Freundschaften, ohne dass sich die Betreffenden sehen, geschweige denn miteinander reden. Aber es ist untypisch und auch über einen langen Zeitraum schwierig umsetzbar. Meist gilt der Grundsatz: aus den Augen, aus dem Sinn. Keine Kommunikation, keine Beziehung.

Der Kampf um den Weihnachtsgruss und die Urlaubspostkarte sind für uns jährlich wiederkehrende Symptome ein und derselben Frage: welche Kommunikation ist geeignet, um die Beziehungen aufrecht zu erhalten? Wie viel und wie oft muss ich mit Geschäftspartnern, Kollegen, Kunden, Freunden, Bekannten, Nachbarn kommunizieren?

Nach jedem Umzug musste ich feststellen, dass sich die Beziehungen mit den Menschen, mit denen ich in Kontakt stand, geändert hatten. Teils war die Beziehung nicht mehr existent, teils war sie langsam verebbt, in anderen Fällen konnte sie erhalten werden. Im Einzelfall war aber zu beobachten, dass sie „auf einer Probe" stand, dass sie eine Herausforderung zu bewältigen hatte. Physische Nähe ist beziehungsfördernd, Distanz ist beziehungsstörend.

Technische Hilfsmittel spielen dabei eine immer größer werdende Rolle. Sie helfen, Beziehungen aufrecht zu erhalten – auch über große Distanzen. Auch wenn sie das persön-

liche Treffen, die persönliche Kommunikation niemals ersetzen. Die E-Mail hat jedoch die Massenbewegung des „Re-
mote Relationship Management" ermöglicht. Jeder Einzelne
kann heute Beziehungen einfach, schnell und effektiv pflegen mit Hilfe der Anbindung an das *World Wide Web*. Beziehungen sind heutzutage sogar oft ausschließlich virtueller
Natur.

Dabei ist eine klare Hierarchie festzustellen: Welche Medien sind am besten geeignet, um Beziehungen aufzubauen
und zu unterhalten? In vielen kommerziellen Zusammenhängen werden die heutigen technologischen Möglichkeiten
unter dem Aspekt „Was ist möglich, was ist effizient" betrachtet. Täglich bekommen wir Dutzende von E-Mails, deren Intention das so genannte „Customer Relationship Management" ist, also die Pflege meiner Beziehung mit dem
entsprechenden Unternehmen. Dass ich mich über die meisten dieser E-Mails ärgere, sie sogar ungelesen lösche, sich
der Name des Unternehmens negativ einprägt und ich seine
Produkte meide, ist das Gegenteil dessen, was der Anbieter
will. Nur weil die technischen Möglichkeiten des E-Mail
Marketings verlockend sind – und die Kosten attraktiv, heißt
dies noch lange nicht, dass es der beste Weg ist, mit Kunden
zu kommunizieren. Wer erfolgreich kommunizieren will,
muss bedenken, welche Medien welchen Einsatz erlauben.
Mit anderen Worten muss folgende Frage beantwortet werden: Wie kann eine noch zu entwickelnde oder bestehende
Beziehung richtig unterhalten werden, welche Medien spielen dabei eine Rolle und wie können sie am besten eingesetzt werden?

Je persönlicher, desto besser.

Talkshows oder: Der Mülleimer der Gefühlswelt

War die Generation der 68iger noch mit Themen wie sexueller Befreiung und Emanzipation beschäftigt (die durchaus zu Veränderungen in unserer Gesellschaft geführt haben), so kristallisiert sich heute zunehmend ein Hang zur Live-Prostitution der Gefühlswelt Einzelner heraus. Die Tatsache, wie sehr manche Menschen an fragwürdig zur Schau gestellten Einzelschicksalen Interesse zeigen, gibt zu denken. Inhaltlich ohne jeglichen Nährwert, werden Gefühle offenbart, wird öffentlich diskutiert, dass der Schwiegervater mit der Schwiegertochter, dass der Freund mit der Freundin des anderen und sich hierfür öffentlich entschuldigen möchte etc. Mitleiderregend wird vor einem Millionenpublikum die eigene Gefühlswelt prostituiert.

Was wollen uns diese Worte sagen? Was geben uns diese, in der Öffentlichkeit dargestellten Gefühlsdesaster? Welchen inhaltlichen Nährwert birgt die Betrachtung derlei persönlicher Dramen?

Nun, wir sind der Meinung: nichts, außer Kurzweil, und dies, obschon wir es im Grunde langweilig finden. Was ist demnach von Relevanz? Sind unsere Sprache, unsere Ausdrucksformen, die Inhalte, über die wir sprechen, denn nicht ein Ausdruck unserer kulturellen Errungenschaften?

Wir sind der Überzeugung, dass dem so ist. Wir sind weiterhin der Überzeugung, dass es gilt, dieses Kulturgut Sprache und Ausdrucksform weiter zu kultivieren, zu pflegen und unseren Austausch mit anderen Menschen zu intensivieren. Wir sind von der Wichtigkeit überzeugt, Menschen durch unsere Sprache auf ständig steigendem Niveau zu begegnen.

Müllaufnahme vermeiden!

2. Solange du deine Füße unter meinen Tisch streckst

> *„Auch rücksichtslose Kinder kommen nicht darum herum,*
> *ihren Eltern eines Tages mitteilen zu müssen,*
> *was im Leben eigentlich gespielt wird."*
>
> Robert Lembke

Liebe LeserInnen, die von uns ab und an gewählte „Du"-Form soll in diesem Kapitel die Nähe zu den pubertierenden Elementen unserer Gesellschaft symbolisieren und das Kind in jedem von uns ansprechen.

Ein Akt der Exekutive als Ausgangspunkt offener Gespräche?

Ein viel zitierter, viel gehörter, viel bemühter Satz klingt wahrscheinlich vielen unserer Leser noch im Ohr, denn selbst durch die antiautoritären sechziger Jahre war er nicht auszurotten. Er poltert noch immer Vätern und Müttern über die Lippen und macht mit seiner Drastik eigentlich nur die kommunikative und pädagogische Bankrotterklärung der Eltern deutlich. Sie ahnen es schon, es geht um das berüchtigte „Solange du deine Füße unter meinen Tisch streckst ..." – Dieser Satz kommentiert den Kampf des Jugendlichen gegen den Willen der Eltern, dem er in seiner Abhängigkeit vom Elternhaus scheinbar machtlos gegenübersteht. Diese Phase im Erwachsenwerden ist eine Zeit, in der man zum ersten Mal sehr deutlich spürt, dass es mindestens zwei Wahrheiten auf dieser Welt gibt: die des Jugendlichen und die der Eltern. Ist auch den Eltern diese Tatsache nicht bewusst, so kommt im Endstadium der Auseinandersetzungen gerne dieser Satz von den „Füßen unterm Tisch" zum Einsatz. Sozusagen als die Rote Karte im Familienstreit. Hier geht nichts mehr, der Unterlegene muss vom Platz.

Vordergründig wohnt diesem Satz scheinbar sehr viel Macht inne. Betrachten wir die ganze Sache jedoch mit Abstand, ist er eher ein Akt des Missbrauchs der Erziehungsgewalt und Zeichen einer autoritären Grundeinstellung. Mit gelungener Kommunikation hat er jedenfalls rein gar nichts zu tun.

Dieser Satz ist uns wahrscheinlich nur deshalb so stark in Erinnerung, weil ihn manche so oft hören mussten und weil er damals bei manchem starke Gefühle ausgelöst hat: Wut, Ohnmacht, Verzweiflung – später dann vielleicht auch Mitleid mit den Eltern. Er wird erlebt als letzte Ausflucht in einer Meinungsverschiedenheit, in der gegenseitiges Verstehen, Vermitteln von Hintergründen, eine offene Diskussion nicht mehr möglich waren. Merke: Die Wirksamkeit dieses Satzes – im Sinne der Kraft des Wortes – verhält sich umgekehrt proportional zur Häufigkeit der Anwendung! Und Vorsicht: Auch wenn Sie diesen Satz in Ihrer Jugend bis zum Überdruss hören mussten, sind Sie nicht davor gefeit, dass er auch Ihnen irgendwann einmal über die Lippen poltert – es sei denn, Sie verzichten auf Nachwuchs.

> *Für den Vater/die Mutter in uns:*
> *Keine leeren Drohungen … und vermeiden Sie vor allem*
> *Wiederholungen derselben!*

Umgang mit der elterlichen Instanz

Oft ist es für Eltern nicht leicht, die Abenteuer und „Leistungen" ihrer Sprösslinge im richtigen Verhältnis zu sehen – zu unterschiedlich sind Lebensalter, Lebensumfeld und Lebenseinstellung.

Die Dinge im richtigen Licht sehen, die Verhältnismäßigkeit erkennen, das ist (nicht nur) in der Beziehung zwischen Jugendlichen und Erwachsenen oft schwer. Eine Möglichkeit, dem nachzuhelfen, ist die Methode der „Nullpunktverschiebung", wie sie Klaus Pawlowski und Hans Riebensahm in ihrem Buch „Suggestion. Konstruktiver Umgang mit einer verborgenen Macht" beschreiben (vgl. S. 82f.). Sie zitieren zur Veranschaulichung eine einprägsame (weil amüsante) Geschichte, die die Theorie hinreichend deutlich macht. Das Beispiel zeigt eine Taktik, wie man die Eltern auf unliebsame Ereignisse vorbereitet und ihnen das Unglück in einer verschobenen Relation präsentiert, um die zu befürchtende Reaktion abzuschwächen.

Eine Studentin schreibt an ihre Eltern:

„Liebe Mutti, lieber Papa!

Ich bin etwas schreibfaul geworden, seit ich wegen meines Studiums von zu Hause weggegangen bin, und es tut mir Leid, dass ich nicht schon früher mal geschrieben habe. Ich werde Euch jetzt auf den neuesten Stand bringen, aber ehe Ihr weiterlest, setzt Euch bitte erst einmal hin. Lest erst weiter, wenn Ihr Euch gesetzt habt, okay?

Also dann, mittlerweile geht es mir eigentlich schon wieder ganz gut. Der Schädelbruch und die Gehirnerschütterung, die ich mir zugezogen hatte, als ich aus dem Fester gesprungen war, nachdem im Wohnheim kurz nach meiner Ankunft ein Feuer ausgebrochen war, sind schon ganz gut verheilt. Ich war nur zwei Wochen im Krankenhaus, und jetzt kann ich schon fast wieder normal sehen und bekomme nur noch einmal am Tag diese elenden Kopfschmerzen. Zum Glück waren das Feuer im Wohnheim und mein Sprung aus dem Fenster von einem Tankwart von der Tankstelle nebenan beobachtet worden, und er war es auch, der die Feuerwehr und den Krankenwagen rief. Er besuchte mich auch im Krankenhaus, und weil ich ja wegen des Wohnheimbrands nicht wusste, wo ich hin sollte, war er so lieb, mir anzubieten, erst mal in seiner Wohnung unterzukommen. Die ist eigentlich mehr ein Kellerraum, aber irgendwo hat sie etwas. Er ist ein echt toller Typ und wir haben uns wahnsinnig ineinander verliebt und wollen heiraten. Das genaue Datum steht noch nicht fest, aber das Ganze soll noch über die Bühne gehen, ehe man mir meine Schwangerschaft ansieht.

Ja, Mutti und Papa, ich bin schwanger, ich weiß, dass ihr Euch darauf freut, Oma und Opa zu werden, und ich weiß, dass Ihr das Baby von ganzem Herzen willkommen heißen werdet und dass es von Euch genauso hingebungsvoll geliebt und gepflegt werden wird, wie Ihr mich gepflegt habt, als ich ein Kind war. Der Grund dafür, dass wir jetzt noch nicht heiraten, ist, dass mein Freund eine kleine Infektion hat, weswegen es Schwierigkeiten mit den Bluttests gibt, die für die Eheschließung verlangt werden, und ich mich dummerweise angesteckt habe. Ich weiß, dass Ihr ihn mit offenen Armen in unsere Familie aufnehmen werdet. Er ist sehr nett und hat zwar keine abgeschlossene Ausbildung, ist aber ehrgeizig.

Jetzt, wo ich Euch auf den neuesten Stand gebracht habe, möchte ich Euch mitteilen, dass es keinen Brand im Wohnheim gab, ich keine Gehirnerschütterung und keinen Schädelbruch hatte, nicht im Krankenhaus war, nicht schwanger bin, nicht verlobt, nicht infiziert und dass es keinen Freund gibt. Allerdings habe ich eine Vier in Geschichte und eine Sechs in Chemie, und ich will, dass Ihr diese Zensuren im richtigen Verhältnis seht.

Es grüßt Euch herzlich Eure Tochter"

Helfe deinen Eltern, die Dinge im richtigen Verhältnis zu sehen

Veränderung der Ausgangssituation

> *„Eltern verzeihen ihren Kindern die Fehler am schwersten,*
> *die sie ihnen selbst anerzogen haben."*
>
> Marie von Ebner-Eschenbach

Als weitere Taktik für heranwachsende Kommunikationsgenies empfehlen wir, auf die Stimmung der Eltern positiven Einfluss zu nehmen – wohlgemerkt, bevor den Eltern die Sechs in Mathe gezeigt wird. Oder wann hast du deiner Mutter zum letzten Mal Rosen geschenkt?! Es müssen ja nicht gleich zwei Dutzend sein; Mütter sind auch bei nur einer Rose so gerührt, dass sie fast alles verzeihen. Aber ein kleiner Tipp für später: Ehefrauen und langjährige Lebensabschnittspartnerinnen haben da schon eine Entwicklung durchgemacht, die manchmal sogar zu einer Rosenallergie führen kann. Sie wittern oft gleich Unheil, wenn der Liebste unverhofft mit einem beeindruckenden Blumenstrauß vor der Tür steht.

Wann hast du – um nun wieder die Brücke zur Kommunikation zu schlagen – deiner Mutter zum letzten Mal gesagt: „Du bist die schönste und die beste Mutter auf dieser Welt!", oder deinem Vater „Ich finde dein Auto übrigens viel cooler und schöner als das unseres Nachbarn (obwohl das andere viel mehr PS hat)!"? Komplimente hört übrigens jeder gerne, das kann man sich auch für später merken. Nur sollte es im Kern auch immer wahr sein, sonst kann's peinlich werden. Aber dass du deine Mutter o.k. findest, stimmt ja (meistens) irgendwie. Und den schlechtesten Vater hast du sicher auch nicht erwischt. Also, bereite den schlechten Nachrichten einen sanften Weg, schon um deine Eltern zu schonen.

Sag was Positives, bevor du die Sechs in Mathe zeigst.

Leg doch nicht immer alles auf die Goldwaage!

Als letzte Taktik im Umgang mit der elterlichen Instanz empfehlen wir wieder einen Standard-Satz, der sehr viel Kraft ausstrahlt, weil nämlich der so angesprochene Elternteil sich kleinlich, spießbürgerlich und engherzig vorkommen muss. Und wer will das schon sein, auch wenn er die Dreißig schon deutlich überschritten hat?! Nun denn, der Satz heißt: „Leg doch nicht immer alles auf die Goldwaage…!", ein Satz, mit dem du den Eltern suggerierst: Also, eure Verhältnismäßigkeiten stimmen auch nicht mehr so ganz…, ein bisschen mehr Realitätssinn hätte ich mir – besonders von meinen Eltern – schon gewünscht…, die Nachbarin hätte diese Situation viel souveräner gemeistert…, ich finde, ihr seid ziemlich pingelig (irgendwas ist in eurer Jugend wohl total falsch gelaufen…).

> **Goldwaagen-Satz in die Standard-Argumentationskette aufnehmen!**

> „Über der Veränderung liegt stets ein Hauch von Unbegreiflichkeit."
> *Carl Friedrich Freiherr von Weizsäcker*

3. Image

> „Das Image verändert einen Menschen leichter
> als der Mensch das Image."

Die Roboter-Übung

Stellen Sie sich vor, man könnte Ihre Person für kurze Zeit durch einen Roboter ersetzen. Er hätte Ihren Job, lebte in Ihrer Familie, würde besitzen, was Ihnen gehört, und tun, was Sie zu tun pflegen. Er unterhielte sich mit Ihren Nachbarn, würde Ihre Freunde treffen, ginge morgens ins Büro, und würde abends mit den Kollegen ein Bierchen trinken. Ein Roboter, der Ihnen die schönen und lästigen Dinge des Lebens abnimmt. – Lassen Sie uns für einen Moment dieses Szenario weiterspinnen. Stellen wir uns vor, der Roboter würde alles tun, was wir soeben beschrieben haben, nur nicht auf eine Art und Weise, die uns recht ist. Ins Büro käme er zu spät oder gar nicht, Kunden würde er ignorieren oder beschimpfen, die Nachbarn beleidigen, die Familie malträtieren, die Kollegen beim Stammtisch auslachen, zum Einkaufen ginge er nackt... Angenommen, Sie hätten keine Möglichkeit, den Roboter aus Ihrem Leben zu bannen, was würden Sie tun wollen? Was könnten Sie ändern?

Die Vorstellung, wir hätten keinen Einfluss darauf, was in unserem sozialen Umfeld passiert, was wir unseren Mitmenschen antun und was diese über uns denken, ist für die meisten von uns eine Horrorvorstellung. Genau deshalb erscheint es uns teilweise absurd, wie wenig Einfluss wir nehmen.

Wir streben nach sozialer Harmonie und beruflicher Anerkennung, wir wollen ernst genommen werden und einen positiven Beitrag leisten. Wir wollen, dass Menschen sich darüber freuen, uns zu sehen und Zeit mit uns zu verbringen. Was den meisten Menschen dabei nicht bewusst ist: Wir nutzen nur einen Bruchteil der Einflussnahme, die uns zur Verfügung steht. In vielerlei Hinsicht haben wir unsere Rollen an einen Roboter abgegeben, der weder tut, was wir wollen, noch was uns zuträglich ist.

Übernehmen Sie Verantwortung für Ihr Image.

Was ist Image?

Image lässt sich auf unterschiedliche Weise beschreiben. Letztlich geht es um die Summe der Eindrücke und Bilder, die andere Menschen von uns haben. Es geht darum, wie wir gesehen werden, welche Gedanken man mit unserem Namen verbindet, für was wir gehalten werden und für was wir stehen. Dabei ist bemerkenswert, dass schon wenige Informationen ausreichen, um ein Imageprofil von einer anderen Person zu erstellen – fünf bis zehn Merkmale reichen aus, um eine erste „Schublade" zu bestimmen:

■ ungepflegt, Dose in der Hand, betrunken, zerrissene, dreckige Kleidung – *wer ist das?!*

Nur wenige Merkmale reichen aus, um eine erste Kategorie festzulegen. Dies passiert meist schon innerhalb eines Bruchteils von Sekunden. Das Bild wird dann weiter angereichert, vervollständigt, selten revidiert oder fundamental verändert.

Auffallend ist dabei: Je klarer gewisse Merkmale in eine Kategorie passen oder je einfacher Merkmale kommuniziert werden, desto schneller und eindeutiger bildet sich ein Image heraus. Beim bewussten Aufbau eines Images scheint es wirkungsvoll und viel versprechend, mit Symbolen zu arbeiten. Deshalb reduziert sich eine Imagediskussion oft leider auf die Kleidungsmarke, das Auto oder Reiseziele. Die Signalwirkung dieser Merkmale ist so stark, dass ein Image schon nach wenigen Sekunden feststeht. Wie viel Wahrheitsgehalt dann so ein Bild wirklich hat, ist eine andere Frage.

Wollen wir unser Image aktiv gestalten, das heißt Einfluss nehmen darauf, was andere von uns halten und über uns denken, so müssen wir uns Folgendes vor Augen halten:

■ Image bildet sich schnell (schneller, als wir reden können).
■ Image bildet sich, ob wir wollen oder nicht.
■ Image bildet sich anhand weniger Merkmale.
■ Image bildet sich leichter über Symbole.
■ Image bildet sich undifferenziert (einfache Kategorien).
■ Image bildet sich unreflektiert (wird selten oder wenig hinterfragt).

Mit anderen Worten: Unsere Mitmenschen haben von uns ein Bild, das sich in den ersten Augenblicken des Kennenlernens geprägt hat, das hauptsächlich auf der Wahrnehmung von Äußerlichkeiten und Kleinigkeiten beruht, die einfach in Schubladen zu packen waren. Und dieses Bild ist deshalb meist pauschal und undifferenziert und wird selten hinterfragt. So sehen uns also unsere Freunde. Na toll! – denken Sie wahrscheinlich.

Imagebildung findet statt. Mit oder ohne uns.

Der syrisch-deutsche Autor und Geschichtenerzähler Rafik Schami erzählt in seinem Buch „Der ehrliche Lügner" eine Episode, die die Unwiderruflichkeit eines einmal festgelegten Rufs überdeutlich macht:

„Hatte ein Mensch in meiner Gasse einmal seinen Ruf bekommen, so konnte er daran nichts mehr ändern. Manche bemühten sich zu Lebzeiten verzweifelt, den ihnen einmal aufgedrückten Stempel wieder loszuwerden, sie ackerten und schwitzten im Kampf gegen ihren schlechten Ruf. So auch der Nachbar Fuad, der einmal wegen eines Missverständnisses ‚Geizhals' genannt wurde und sich jahrelang mit einer beispiellosen Großzügigkeit gegen diesen Ruf wehrte. Seine Gastfreundschaft hatte ihn fast ruiniert. Nun lag der Mann im Sterben und hoffte, dass sich die Leute nach seinem Tod seiner Großzügigkeit erinnern und ihn vom hässlichen Ruf eines Piastermelkers befreien würden. Er spürte bereits den Tod und atmete tief ein, um einen letzten bedeutsamen Satz auszusprechen. ‚Sparen ist überflüssig!' wollte er sagen, doch nach dem Wort ‚Sparen' starb er. Die Leute schauten sich entsetzt an. ‚Dieser Geizhals!' riefen viele. ‚Sogar auf dem Sterbebett will er noch sparen!'" (S. 40f.)

Image und Sprache sind wie Henne und Ei

Ob das Image nun richtig oder falsch, komplett oder unvoll-
ständig ist, wäre ja nicht weiter schlimm, wäre nur unser Ego
stark genug, um „unabhängig" von der Meinung anderer zu
sein. Das ist richtig, aber nicht die ganze Wahrheit. Wahr ist
auch, dass das Image weit mehr ist als nur eine Meinung
oder ein Bild, das jemand von uns hat. Denken wir an unsere Arbeit:

Das Image ist das Bild, das Ihre Vorgesetzten von Ihnen
haben und damit

- Grundlage für Personalentscheidungen;
- Grundlage für die Zuteilung von Projekten, Aufgaben;
- Grundlage für Gehaltsentscheidungen;
- Grundlage für Ihre berufliche Zukunft.

Aber Ihr Image entscheidet auch in der täglichen Arbeit darüber,

- wie wichtig Ihr Wort genommen wird,
- wann Sie überhaupt gehört werden,
- ob man Sie um Rat fragt,
- welche Einflussnahme man Ihnen zugesteht.

Gestalten Sie Ihr Fremdbild

„Das Image ist das, woran man schließlich selber glaubt."
Deborah Tannen

Marketing und PR

Wenn ich einer Frau, der meine Leidenschaft und Bewunderung gehört, sage, dass ich ein toller Mann bin, dann ist das
Marketing. Wenn ich dies ihrer Freundin sage in der Hoffnung, diese spricht darüber mit der Dame meines Herzens,

dann sind das Public Relations (PR). Beides sind wichtige Instrumentarien im Umgang und in der Gestaltung des eigenen Images. Man muss nur wissen, wie.

Es gibt Meister der Selbstdarstellung, und es gibt Menschen, denen dies schwer fällt. Beiden Kategorien begegne ich täglich. Letzteren aber öfters. An dieser Stelle ist es angebracht zu erwähnen, dass ich nicht glaube, selbst ein gutes Beispiel der Selbstdarstellung zu sein. Ich spreche eher zurückhaltend über meine Arbeit, empfinde Understatement als ehrenwert und dränge anderen meine Meinungen nicht auf, sondern höre erst einmal zu. Das hat übrigens in der Vergangenheit auch immer wieder Vorteile gehabt. In der Frage der Selbstdarstellung zeigt es auch seine Schattenseiten: Ich habe immer wieder erlebt, dass Menschen mich nicht ausreichend wahrgenommen haben, weder ein klares, geschweige denn markantes Bild von mir gewonnen haben und somit meine Position innerhalb des Unternehmens litt. Insofern hatte ich ein persönliches Interesse daran, Menschen zu beobachten, die dies anders und besser machen, die in ihrer Selbstdarstellung erfolgreicher sind. Dies sind meine Beobachtungen:

■ *Selektive Zielgruppe.* Ganz wichtig scheint es zu sein, Imagepflege bei besonders wichtigen Zielgruppen zu betreiben. Also, mit den richtigen Menschen zu reden, zum Beispiel mit Entscheidungsträgern des Unternehmens, Meinungsführern, Projektleitern usw. (Vergessen Sie aber auch nicht, dass mancher Chef seine Sekretärin befragt, wenn es um die Einschätzung eines Kandidaten geht.)

Wer sind Ihre persönlichen VIPs?

■ *Guter Aufhänger.* Bemühen Sie sich, immer einen Anlass zu finden, um in Kontakt zu treten, und seien es nur zwei Sätze zwischen Tür und Angel. Sie können Quartalsergebnisse, eine Gratulation zu einem Erfolg, eine Rückmeldung zu einer Rede als Anlass nehmen, um mit jemandem ins Gespräch zu kommen, von dem Sie positiv wahrgenommen werden möchten.

> *Jede Gelegenheit nutzen. Gelegenheiten schaffen.*

- *Big picture.* Sprechen über den größeren Zusammenhang, die übergeordneten Ziele, das, was Ihr Gegenüber interessiert. Loben Sie nicht die gute Struktur der Rede (auch wenn diese auffallend gut war). Sprechen Sie die inhaltlichen Aussagen an, knüpfen Sie Verbindungen zu den Unternehmenszielen, zu der finanziellen Situation des Unternehmens. – Zeigen Sie, dass Sie die größeren Zusammenhänge verstehen.

> *Keine Details.*

- *Präsenz schaffen.* Heutige Technologien bieten viele Kommunikationskanäle. Überlegen Sie sich, welche Sie wie nutzen können: Voicemail, E-Mail, hausinterne Newsletter, Newsletter von Lieferanten oder Kunden, Schwarzes Brett, der Plausch auf der Weihnachtsfeier.

> *Kommunikation schafft Nähe. Nähe schafft Vertrauen.*

Image und Gegen-Image

Wie schon die oben zitierte Geschichte von Rafik Schami zeigte, kann man ein festgelegtes Image nicht bekämpfen! Das gilt bei uns genauso wie im Orient. Wenn alle glauben, Sie seien Alkoholiker, dann wird sich Ihr Image nicht ändern, nur weil Sie sagen Sie seien *kein* Trinker (es gibt kein verneinendes Image). Sie können nur versuchen, Ihr Image inhaltlich anders zu besetzen (Sie sind Schauspieler, Tennis-spieler, Gourmet etc.).

Ein eindrückliches Beispiel für solch eine Imagediskussi-on ist Harald Juhnke. Sein Image war im Wesentlichen durch den bewunderten Schauspieler oder den belächelten, bemitleideten Trinker geprägt. Das eine oder andere Image stand im Vordergrund, je nach den Schlagzeilen, die er machte. Wann immer Harald Juhnke aber in Talkshows auf-trat, um zu versichern, dass er nun nicht mehr Trinken wol-le oder dem Alkohol entsagt habe, hat sich an seinem Ima-ge des Trinkers nichts geändert. Sein Image wurde immer dann (und zwar schlagartig) anders akzentuiert, wenn einer seiner Filme in die Medien kam.

Image kann man nicht verneinen. Nur neu belegen.

Vom Image zur Wirklichkeit

Wenn wir in einem Seminar mit Teilnehmern über das The-ma Image sprechen, kommt immer wieder eine Frage: „Ist es denn wichtig, was die anderen von uns denken? Warum der ganze Aufwand? Entscheidend ist doch, was meine Fa-milie und meine Freunde von mir denken!" Diese Fragen sind Gold wert, denn sie machen deutlich, welche Schwierig-keiten das Thema in sich birgt.

Denn Image kann Realität werden. Wenn erst einmal ge-nügend Menschen daran glauben, werden sich alle so ver-halten, als wäre es wahr. Wenn Sie dieses Verhalten ignorie-ren, laufen Sie Gefahr, es zu akzeptieren. Wenn Sie sich weh-ren wollen, ist es meist zu spät.

Ich erinnere mich noch mit Freude an die Partyspiele, bei denen eine Person vor die Tür geschickt wurde mit der Auf-forderung, vor dem Rest der Gruppe eine mimische Darstel-lung einer bestimmten Situation zum Besten zu geben. Eine Aufgabe lautete zum Beispiel: Zeige uns, wie du – bekleidet mit einer mittelalterlichen Ritterrüstung – einen Rennjockey

vom Pferd stoßen und nach einem Dreirundenrennen sieg-
reich durch die Arena reiten würdest. Dem Rest der Gruppe
wird aber ein anderes Briefing gegeben: Gleich kommt einer
ins Zimmer, der mimisch darstellen wird, wie es bei ihm zu
Hause im Schlafzimmer zugeht.

Hier wird dann deutlich, was geschieht (und wie sich der
so Missverstandene fühlt), wenn Image und Selbstverständ-
nis nicht zusammenpassen.

Unser tägliches Leben ist voll davon:

- Ein Mann und eine Frau betreten den Konferenzraum –
  wer wird protokollieren?
- Ein Mann und eine Frau unterhalten sich über Formel 1
  – wer ist der Experte?
- Im Gegensatz zu Ihnen nimmt Ihr Kollege immer Arbeit
  mit nach Hause – wer leistet mehr?
- Sie sehen zwei Zahnärzte. Einer in Jeans und T-Shirt, der
  andere in weißem Arztkittel – welchem vertrauen Sie
  mehr?
- Der Pilot sagt vor dem Start, dass er nur ein Ersatzpilot ist
  – was denken Sie?

Verbale und nonverbale Kommunikation bilden Ihr Image.
Das Image bestimmt aber nicht nur die Gedanken, die ande-
re über Sie haben, nein, es bestimmt auch deren Taten. Ihre
Umwelt reagiert nicht auf Sie, sondern auf Ihr Image. Wenn
Ihr Image das falsche ist, haben Ihre Mitmenschen ein ge-
störtes Verhältnis zu Ihnen.

Falsches Image, kein Erfolg.

Meine Selbstdefinition

Haben Sie schon einmal versucht, sich selbst zu beschreiben? Darin haben wir meist recht wenig Übung. Das Bewer-
bungsschreiben oder die Kontaktanzeige sind solche Situa-

tionen, die uns vor Augen führen, dass wir meist gar nicht wissen, wer bzw. wie wir sind, oder dies zumindest nur schwer in Worte fassen können.

Im beruflichen Umfeld ist dies jedoch eines der einfachsten und effektivsten Werkzeuge, um rasch ein Image aufzubauen, das Sie im Geiste Ihrer Kollegen so beschreibt, wie Sie sich das vorstellen. Dabei spreche ich nicht vom Namen, der Anschrift oder der beruflichen Position. Eine Selbstdefinition bringt zum Beispiel zum Ausdruck, was für ein Mensch Sie sind oder über welche Ziele Sie sich identifizieren, was an Ihnen besonders oder außergewöhnlich ist, welchen Beitrag Sie für das Unternehmen leisten, wodurch sich dieser Beitrag auszeichnet. Das Ganze sollte nicht mehr als einen, maximal zwei Sätze umfassen und bei jeder sich nur bietenden Gelegenheit angewendet werden: Meetings, Besprechungen, informelle Gespräche, Präsentationen, Zielgespräche, Beurteilungen, usw.

> **Wie lautet Ihre Selbstdefinition?**

Zu Wort melden

Jede Gelegenheit zu sprechen ist eine Chance, Ihr Image zu gestalten. Auch wenn ich persönlich Menschen schätze, die zuhören und schweigen können, drängt mich meine Erfahrung zu einem anderen Ratschlag: Sprechen Sie, wann immer Sie können. Sinnvolle Gelegenheiten sollten Sie nicht auslassen. Wortmeldungen bei Präsentationen oder Besprechungen, Beiträge in Publikationen, Spontanreden bei feierlichen Anlässen, Small Talk auf dem nächsten Stehempfang… – Kommunikation bedeutet Präsenz und hilft, Beziehungen aufzubauen und zu pflegen. Kommunikation bedeutet Einflussnahme inhaltlicher Natur, und sie trägt wesentlich dazu bei, unser Image zu prägen. Kommunikation scheint also weit mehr Funktionen oder Wirkungsweisen zu haben als die reine inhaltliche Informationsvermittlung.

Bringen Sie sich zu 100 Prozent ein! Nutzen Sie möglichst viele Gelegenheiten zum Reden. Sie sind Gelegenheiten zur Selbstdarstellung.

Kongruenz und Verlässlichkeit

Worte und Taten sind leider allzu häufig zwei Welten. Mit Zorn und Empörung reagiere ich auf Versprechungen, die sich später als glatte Lüge herausstellen. Unser Rat: Wenn Sie an sich arbeiten wollen, arbeiten Sie an der Kongruenz Ihrer Taten und Ihrer Worte. Nur die Übereinstimmung dieser beiden Welten lässt Sie wirklich wachsen. Nur so können Sie Ihr Image als kompetenten, vertrauenswürdigen und integren Menschen aufbauen.

Walk as you talk!

4. Konflikte

*Innerer Friede und Harmonie kommen nicht daher,
dass man keine Konflikte hat, sondern aus der Fähigkeit,
mit Konflikten fertig zu werden.*

Neulich an der Wursttheke...

Es war ein Tag, der begonnen hatte, wie so viele Tage: Sonne, ein herrlicher Kaffee zum Frühstück, viel Zeit, um mich auf diesen Tag einzustellen. Kein Wölkchen schien meinen Samstagmorgenhimmel trüben zu können, nichts deutete auf das nahende Desaster hin. So brach ich auch beschwingt und gut gelaunt zum Wochenendeinkauf in den Supermarkt auf. Dank meiner positiven Einstellung und der klaren Visualisierung fand ich prompt einen Parkplatz in der Nähe

des Haupteingangs. Was konnte mir angesichts dieser Randbedingungen noch geschehen, die ganze Welt hatte es gut
mit mir gemeint, die Blumen blühten, die Sonne schien (immer noch), meine Laune war glänzend. Die Besorgung des
Waschmittels, der Seife und sonstiger Kleinigkeiten gestalte-
te sich einfach. Fünf Minuten später stand ich an der Wurst-
theke und begrüßte die Verkäuferin mit einem freundlichen
„Guten Morgen", das diese mit einem bezaubernden Lächeln erwiderte.

200 Gramm Aufschnitt würden mir wohl über die nächsten Tage reichen, Besuch war nicht in Aussicht, die Nachbarin verreist. Meine Entscheidung war getroffen und ich
brachte sie auch sogleich sauber artikuliert und formuliert
zum Ausdruck: „200 Gramm Aufschnitt bitte!" Die freundliche Verkäuferin macht sich immer noch bezaubernd lächelnd an die Arbeit. Doch just in diesem Moment begann
das Desaster! Ein weiterer Kunde drängelte sich mit der Bitte, ihm eine Handvoll Kleingeld in einen Geldschein zu
wechseln, dazwischen. Seine Stimme war dominant und be-
stimmend, seine Aussage klar. Dieser Aufforderung konnte
sich die nette Verkäuferin nicht entziehen. Sie nahm das
Kleingeld (zehn Mark in Zehnpfennigstücken) entgegen,
wälzte es mehrere Male durch ihre zarten Hände (deren
blaurote Färbung mir dabei auffiel), bis sie schließlich jedes
einzelne Stück zählte, um es danach in die Kasse zu werfen.
Der Akt dauerte drei Minuten, der Kunde verschwand wieder, allerdings nicht ohne sich ausführlich bei ihr für diesen
Dienst zu bedanken und ihr die Situation – wie schnell sich
doch so viel Kleingeld im Geldbeutel ansammeln könne und
dieser dann so unhandlich würde – zu erklären. Dieser Akt
dauerte weitere zwei Minuten!

Endlich konnte sich die hilfsbereite Herrin der Wurstthe-
ke wieder meinem Auftrag zuwenden, immer noch lächelnd,
immer noch freundlich. Es war der Moment, in dem ich die
gleiche rötliche Färbung, die ihre Hände hatten, auch an ihrer Nasenspitze feststellte. Eine gerade abklingende Erkäl-
tung hinterließ hier wohl noch ihre Mitleid erregenden Spu-

ren. Jetzt rieb sie die Hände mehrmals kräftig aneinander und an ihrer Schürze – wohl zur Reinigung nach dem Kontakt mit den Geldstücken – und griff daraufhin mit beiden Händen nach dem von mir bestellten Aufschnitt. Beherzt packte sie die Wurst mit beiden Händen, mit allen zehn klammen, rotgeäderten Fingern (wahrscheinlich um sicher zu stellen, dass keine Scheibe verloren geht) und holte die Wurst aus der Theke.

Das war der Augenblick, in dem sich mein Magen verkrampfte, mein Gesicht zu einer entsetzten Grimasse verzog und mein Herz panisch wie das eines Schweins auf dem Weg zum Schlachthof zu pochen anfing. Mein ganzer Körper war von diesem Ekelgefühl ergriffen, und endlich konnte ich meine Abscheu auch in Worten zum Ausdruck bringen: „Nein danke, ich habe schon gegessen!" Unverständnis und Missbilligung las ich nun aus dem Gesicht der gerade noch so freundlichen Verkäuferin. Ihre wüsten Beschimpfungen verfolgten mich noch durch den ganzen Supermarkt.

Zuhause angekommen ließ ich diese Szene noch einmal Revue passieren. Von der Metaebene aus betrachtet musste ich zugeben, dass ich mich davor gedrückt hatte, den Konflikt mit meiner Kontrahentin auszutragen. Ich musste die Dame in irgendeiner Weise sehr getroffen haben, so dass sie sich lautstark und empört bei den in der Schlange wartenden Kunden über meine Empfindlichkeit beschweren musste.

Ich bin jedoch trotzdem zu dem Schluss gekommen, dass sich dieser Konflikt nicht in einem Kompromiss hätte lösen lassen, der für beide Seiten tragbar gewesen wäre. (Hätte sie die Wurst nur mit fünf Fingern berühren sollen, „Geld stinkt nicht!"…??) – Meine Botschaft war angekommen, obwohl sie verschlüsselt war. Rhetorischer Feinschliff hätte die Situation nicht entschärft, die Meinungen nicht zueinandergebracht.

Das Wort Konflikt leitet sich aus dem lateinischen *conflictus* ab und bedeutet in seinem Ursprung Zusammenstoß oder Kampf. In der Regel haben wir es in unserem Alltag allerdings mit Konflikten zu tun, die nicht zu kriegerischen

Handgreiflichkeiten führen. Viele Konflikte schwelen, sie treten nicht offen in Erscheinung, werden verdeckt ausgetragen, führen nicht unbedingt zum Eklat.

Warum eigentlich Konflikte?

Wir Menschen zeichnen uns dadurch aus, dass jeder von uns seine eigenen, persönlichen Ziele und Interessen hat und diese auch versucht zu verwirklichen. Dies stellt an sich noch keinen Konflikt dar. Konfliktträchtig wird die Situation erst dadurch, dass wir in der Zielerreichung und Interessenausübung auf Mitmenschen angewiesen sind, die andere Ziele und Interessen haben. Dadurch sind wir in allen sozialen Bereichen mit potenziellen Konflikten konfrontiert. Im Verein geht es um Status, Ämter, Entscheidungen, Ansehen und Ehre, im Beruf geht es um Posten, Macht und Anerkennung, in der Familie geht es um Freizeitplanung, Entscheidungsfreiräume und Erziehungsfragen. Wo immer wir in Interaktion mit Menschen sind, können wir Konfliktpotenzial erwarten. Konflikte sind letztlich das gesunde Ergebnis eines Prozesses, der sicherstellt, dass wir auch das tun, von dem wir überzeugt sind. Wäre uns alles egal, gäbe es keine Konflikte.

Konflikte sind normal.

Konflikte, die lohnen

Konflikte sind normal. Das heißt aber nicht, dass wir uns auf jeden Konflikt stürzen müssen. Denn durch die Wahl unserer sozialen Umgebung, durch die Wahl der Menschen, mit denen wir uns umgeben, können wir bestimmen, welchem Konfliktpotenzial wir uns aussetzen wollen.

Es gibt ein chinesisches Sprichwort, das besagt, dass man sich auf keinen Kampf einlassen sollte, den man nicht gewinnen kann. Dasselbe gilt für Konflikte. Lassen Sie sich nur auf

Konflikte ein, die es wert sind ausgetragen zu werden und wo sie eine – für Sie – positive Lösung für erreichbar halten. Alles andere wäre Verschwendung Ihrer Zeit und Energie.

Blicken wir uns in unserem beruflichen oder privaten Umfeld um, so kommen wir zur Überzeugung, dass die meisten Konflikte intuitiv ausgewählt werden. Da werden auf irgendwelchen Nebenschauplätzen Konflikte ausgetragen, die im Rahmen meiner persönlichen Zielerreichung absolut nebensächlich sind. Der Streit unter Kolleginnen über image- und statusrelevante Gegebenheiten, die Diskussion um Belanglosigkeiten oder irrelevante Details des Familienlebens sind Indizien für eine unsystematische Auswahl von Konflikten. Andererseits gibt es viele offensichtliche Konflikte, die aber aus Bequemlichkeit, Arroganz oder Desinteresse nicht angegangen werden.

Mir kommt an dieser Stelle eine Kollegin in den Sinn, die eine verantwortungsvolle Position inne hat. Sie sieht sich (wie viele Frauen) einem frauenspezifischen Fremdbild gegenüber, das ihre Kompetenz in Frage stellt (oder zumindest nicht voll würdigt), das ihre Wichtigkeit nicht ausreichend unterstreicht und das ihr nicht die Anerkennung zukommen lässt, die einem Mann entgegengebracht würde. Unterstrichen wird dieses Fremdbild durch ihren unglücklichen Habitus, der sie in der Rolle der „armen, hilflosen Büromaus" bekräftigt. Sie leidet unter diesem Fremdbild, das ihre Leistung verkennt, und es gibt deshalb für sie einen offensichtlichen Konflikt zwischen ihrem Ziel (exzellente Performance in der Aufgabe) und den sozialen Randbedingungen (geringe Akzeptanz ihrer Kollegen). Hier werden offensichtlich falsche Konfliktprioritäten gesetzt. Oder mit anderen Worten: Statt mit den Sekretärinnen der Nachbarabteilungen über die modischen Farbtrends für Nagellack zu streiten, sollte sie einen offenen Positionierungskonflikt mit ihren Kollegen austragen!

Investieren Sie in den richtigen/wichtigeren Konflikt!

Der Mensch – ein harmoniesüchtiges Wesen?

Harmonie ist schön, aber nicht immer realistisch. Wir müssen unsere Energie darauf konzentrieren, was uns am wichtigsten ist und müssen zwangsläufig auch lernen, andere Konflikte nicht lösen zu können.

- Ich weiß, dass ich bei einem bestimmten Kollegen ein Image habe, das nicht meiner eigentlichen Wesensart entspricht – muss ich versuchen, das zu ändern?
- Ich weiß, dass mir soeben die Vorfahrt genommen wurde. Es gab keine Folgen außer meinem Ärger darüber – muss ich den Konflikt austragen?

Starkes Harmoniestreben führt häufig dazu, frustriert über ungelöste Konflikte zu sein bzw. Angst vor der Austragung von Konflikten zu haben. Im ersten Fall kann die Kommunikation nicht weiterhelfen. Sie können nur Ihre Grundeinstellung ändern. Seien Sie sich klar darüber, dass Konflikte normal sind. Wir können versuchen, ihnen aus dem Weg zu gehen. Wenn dies nicht funktioniert, müssen wir entweder mit einem ungelösten Konflikt leben, oder wir lösen ihn.

> *Nicht alle Konflikte muss man lösen.*

Kann gute Rhetorik Konflikte lösen?

Nein, sie kann lediglich hilfreich in der Austragung und Bewältigung der Konflikte sein und im Sinne der rednerischen Wirksamkeit unterstützen. Trotzdem sind wir der Meinung, dass professionelle Kommunikation auf jeden Fall dazu beiträgt, Konflikte besser, schneller und verträglicher zu lösen bzw. mit ihnen umzugehen. Professionelle Kommunikation setzt differenzierte Auseinandersetzung mit sich und seiner Umwelt voraus.

Suchen Sie nach substanziellen Lösungen.
Nicht nach rhetorischen Tricks.

Konfliktlösung in fünf Schritten

Schritt 1

Immer wieder stelle ich fest, wie schwierig es ist, den Konflikt (Sache) von der Person (Menschen) zu trennen. Immer wieder merke ich, dass auch mir diese Übung im Alltag manchmal schwer fällt. Zum Beispiel in Situationen wie dieser:

Parkgaragen sind heute intelligente Wesen. Sie zeigen, ob und wann wieviele Plätze noch frei sind, manche sogar, wo. Die Parkgarage, die ich an jenem Tag besuchte, war durchschnittlich intelligent. Sie zeigte, dass noch Plätze frei seien, sagte aber nicht, wieviele und – vor allem – nicht, wo. Die Suche nach dem vermeintlich freien Platz dauerte und frustrierte mich – schließlich war alles belegt. Entnervt und inzwischen unter Zeitdruck parkte ich das Auto außerhalb der gekennzeichneten Parkplätze. Die Folge war, dass ich eine Kralle an meinem Reifen vorfand. Ich versuchte dem Wachmann zu erklären, warum ich so geparkt hatte. Wir begannen eine Henne-Ei-Diskussion – Vorschriften versus defekte Leitsysteme. Unbemerkt, aber stetig bauten sich bei mir Aggressionen gegen diesen Mann auf, die sich in meiner Lautstärke und Heftigkeit einen Weg bahnten. Irgendwann bemerkte ich, dass ich die Person nicht mehr von der Sache trennen konnte. Ich entschuldigte mich für mein Verhalten, bestätigte, dass ich seine Handlungen verstehen und akzeptieren würde (Vorschriften) und bat ihn um seine Mithilfe in der sachlichen Lösung. Zwei Minuten später war die Kralle entfernt, ich fuhr nach Hause und hatte wieder etwas gelernt:

Person und Sache trennen

Schritt 2

In erster Linie geht es darum, den Konflikt in seiner Art zu erkennen. Haben wir es mit einem Interessenskonflikt zu tun, geht es um einen Autoritätskonflikt, einen Statuskonflikt? Es geht darum herauszufinden, was der eigentliche Konflikt ist. Der Streit mit dem Partner, in dem es darum geht, wie sie zusammen ein bestimmtes Ziel erreichen können (beispielsweise die Finanzierung eines neues Autos), könnte in Wahrheit vielleicht sogar ein Beziehungskonflikt sein. Ein Beziehungskonflikt, in dem es um verletzte Gefühle oder Missachtung geht. Die Austragung könnte über den Zielkonflikt Autokauf und -finanzierung geschehen, ohne dass der tatsächliche Konflikt behandelt wird.

Bewusste und professionelle Kommunikation kann uns helfen, den Konflikt zu isolieren. Voran geht natürlich eine entsprechende Denkweise und der Wille, den Konflikt zu lösen. Ist dies gegeben, so geht es zunächst darum, verstehen zu wollen. Kommunikatives Mittel: Fragen, Fragen, Fragen.

Machen Sie sich den tatsächlichen Konflikt bewusst, dann können Sie ihn isolieren und austragen.

Schritt 3

Um Konflikte erfolgreich zu vermeiden bzw. effektiv lösen zu können, ist das Erkennen des Konflikts ein wichtiger Schritt. Je länger ein Konflikt schwelt oder bereits anhält, desto größer sind meist die durch ihn verursachten und mit ihm verbundenen Folgekonflikte.

So mancher kennt dies aus dem Büroalltag oder einer Partnerschaft. Konflikte können sich dort wie ein Buschbrand ausbreiten. Wenn sie erst mal Feuer gefangen haben, gibt es schnell einen Flächenbrand, und bald ist der Himmel voller Nebel, und der Brandherd selbst lässt sich nicht mehr ausfindig machen. Ähnlich ist dies auch in zwischenmenschlichen Konfliktsituationen. Wenn die Luft erst mal voller

Rauch ist, weiß oftmals keiner mehr, warum man eigentlich streitet oder was der Anlass gewesen war. Alleine durch den Streit gibt es wieder genügend Stoff, um neue Feuer entfachen zu können. Jede Kleinigkeit, jedes Detail kann dabei wie Benzin im offenen Feuer wirken. Manchmal sind es nur noch Gesten oder eine Mimik, die das Blut in weitere Wallungen versetzt.

In einem offenen Konflikt empfehlen wir deshalb stets den isolierten Konflikt (Schritt 2) durch eine Ursachen-Wirkungs-Analyse systematisch einzuengen. Denn oftmals reduziert sich der angebliche Konflikt erheblich, wenn man Folgekonflikte und Konfliktsymptome vom eigentlichen Kernkonflikt trennt. Auch wenn diese Herangehensweise ein wenig theoretisch klingt, so ist sie in der Praxis so simpel wie wirkungsvoll. Bevor Sie Ihren Emotionen freien Lauf lassen, prüfen Sie, was der eigentliche Konflikt ist. Versuchen Sie diesen einfach und plakativ und möglichst sachlich auf den Punkt zu bringen. Weihen Sie Ihr Gegenüber durchaus in den Prozess ein. Sagen Sie ihm, dass Sie zunächst verstehen wollen, worin genau Ihre Interessen übereinstimmen und worin nicht, um möglichst schnell zu einer Lösung kommen zu können. Denn wenn der eigentliche Kern der Sache eliminiert wird, verschwinden die mit ihm einhergehenden Dissonanzen meist von alleine.

Ursache und Wirkung trennen

Schritt 4

Denken in Lösungen ist eine der Kernfähigkeiten zur Entschlüsselung problematischer Situationen oder Konflikte. Denn wer das Ziel vor Augen hat, tut sich leichter, den Weg dorthin zu gehen.

■ Stellen Sie sich vor, ein Kollege, der Ihre Urlaubsvertretung ist, möchte zur selben Zeit Ferien machen wie Sie.

- Stellen Sie sich vor, der Beitrag im Fitness-Club ist höher, als Ihr Budget erlaubt.
- Stellen Sie sich vor, Sie wollen einen grünen Wagen, Ihr Partner einen schwarzen.

Das sind alles bekannte Situationen, in denen die Zielerreichung eingeschränkt oder verhindert wird durch Interessen anderer, durch sich einschränkende Alternativen oder konkurrierende Ziele. Was tun?

Nicht zu jedem Konflikt gibt es eine Lösung, und schon gar nicht drei, vier oder fünf Lösungsalternativen. Aber wenn wir uns darauf trainieren, in Lösungen zu denken (welche mindestens drei Szenarien sind denkbar?), sind wir dem Ziel einen großen Schritt näher.

In Lösungen denken

Schritt 5

Die Akzeptanzwahrscheinlichkeit einer Lösung können Sie erhöhen, indem Sie die Lösung nicht vorwegnehmen, sondern Ihrem Gegenüber die Gelegenheit bieten, an der konkreten Lösungsidee mitzuarbeiten bzw. sie zu entdecken. Nichts ist verbindlicher, als „selbst" diese Idee entwickelt zu haben. Konfliktgeschulte Menschen achten deshalb immer darauf, keine „Fertiggerichte" vorzusetzen, sondern bieten Partizipation an der Entwicklung des Lösungsweges oder der konkreten Lösung an.

Keine Lösungen vorwegnehmen

Do's and Don't's

Rhetorik kann Ihnen nicht wirklich helfen, irgendeinen Konflikt zu lösen. Denn der eigentliche Konflikt liegt ja nicht in Ihrer Sprache, sondern hat einen ganz handfesten Hintergrund. Allerdings können Sie die Sprache als ein geeignetes Instrument verstehen, um die Konfliktlösung zu unterstützen. Natürlich liegen in der Anwendung der Sprache ebenfalls Fußangeln, die man kennen sollte, um zu vermeiden, dass plötzlich die Kommunikation zum Mittelpunkt des Streites wird.

Anbei also einige Tipps, die helfen, das Werkzeug Sprache erfolgreich einzusetzen:

Do's	Don't's
Aussprechen lassen	Beschuldigen
Fragen, um zu verstehen	Zeitdruck erzeugen
Positive Formulierungen	„Du"-Aussagen
Lösungswillen zeigen	Problem und Person verwechseln
Andere Meinungen akzeptieren	Meinungen verhandeln
Die Beziehung pflegen	Detaildiskussionen
Zukunftsorientierte Sprache	Definitiv-Wörter wie „immer, nie, überall"

Wie gehen Siegertypen mit Konflikten um?

■ *Zielgerichtet* sucht der Sieger Lösungsansätze, um den Konflikt aus der Welt zu schaffen; er konzentriert sich auf das wie: Wie kann der Konflikt so verträglich wie nur möglich aus der Welt geschaffen werden?

- *Zuhörerorientiert* versucht er, die anderen Konfliktparteien zu verstehen und deren Sichtweisen zu erkennen, er konzentriert sich darauf zu erkennen, was den Konflikt ausmacht, wie er enstanden ist und wie er beseitigt werden kann.
- *Selbstkritisch* hinterfragt der Sieger seinen eigenen Anteil am Konflikt und was sein Lösungsbeitrag sein kann; er überprüft seine eigenen Verhaltensweisen und passt diese gegebenenfalls an.
- *Konstruktiv* arbeitet er an der Beseitigung und achtet darauf, die anderen ihr Gesicht wahren zu lassen.

> **Der Sieger erkennt die Chance, die in jedem Konflikt liegt: die Chance, daran zu lernen und weiter zu wachsen.**

5. Kommunikation als Ausgangspunkt der Servicegesellschaft

> *„Wahrhaft glücklich werden die sein, die den Weg zum Dienst am anderen gesucht und gefunden haben"*
> Albert Schweitzer

Unser Café um die Ecke

Im Laufe der Monate, die wir an diesem Buch arbeiteten, brauchten wir natürlich auch öfters eine Entspannungspause zwischen unseren Arbeitssessions. Wie so oft hatten wir dafür das einzige Café in unserer 30.000 Einwohner zählenden Stadt gewählt, das uns seinen Service schon ab sieben Uhr morgens anbot. Wie sich herausstellte, waren diese Kaffeepausen stets doch wieder Arbeit, denn das, was uns dort begegnete, waren klassische Lernsituationen, wie wir sie hier beschreiben wollten. Wir betraten also das Café, ein freundliches „Guten Morgen" drang in mein Ohr – es war von zwei

Gästen, nicht vom Kellner. Schade, denn er warf uns lediglich einen mürrischen Blick zu (Kunde droht mit Bestellung!). Ohne ausführlicher auf den weiteren Verlauf einzugehen, möchten wir lediglich festhalten: Der Kellner war unfreundlich, hat kein einziges Mal gelächelt, er hat uns sehr deutlich das Gefühl vermittelt, er wäre froh, wenn wir nicht hier sitzen würden usw. Eine Situation, die aus unserer Sicht in einem Serviceunternehmen nicht vertretbar ist. Man könnte wohlwollend einwenden: Gut, wir haben es mit Menschen zu tun, und die können nicht immer nur gut aufgelegt sein. Wir sind jedoch davon überzeugt, dass die Dimension größer ist, denn:

Service beginnt im Kopf.

Service – eine Frage der Grundeinstellung

> *„Der Gewinn soll nicht die Basis,*
> *sondern das Resultat der Dienstleistung sein."*
> Henry Ford

Auch hier zu Beginn ein kleines Negativbeispiel: Einer unserer Freunde ist im Finanzbereich eines schwäbischen Unternehmens tätig. Die ersten Begegnungen mit der Serviceorientierung einiger Mitarbeiter war durch folgende Situationen gekennzeichnet: Frühstückspause, interner Anruf eines Kollegen aus einer anderen Abteilung (nicht zu verwechseln mit Kunden, denn als solche wurden Kollegen aus anderen Abteilungen nicht interpretiert), widerwilliges Abnehmen des Hörers, strenger Hinweis: Wir haben Frühstückspause! Ein Knall, und der Hörer lag wieder auf der Gabel. Zurück blieb das beruhigende und selbstgefällige Gefühl: Dem hab ich's jetzt zu verstehen gegeben, wie das bei uns läuft. Leider sind diese Reaktionen häufig anzutreffen, gewissermaßen im Rahmen eines „Kundenerziehungsprozesses".

Stellen Sie sich einen unfreundlichen Friseur, Bäcker, Handwerker vor. Wie oft nehmen Sie eine Dienstleistung in Anspruch, die in der Sache gut ist, aber deren Darbietung nicht zufrieden stellend ist? Das Fleisch ist gut, aber die Verkäuferin unfreundlich. Das Essen ist lecker, der Kellner arrogant. Die Handwerksleitung ist in Ordnung, die Verlässlichkeit ein Manko. Sofern Sie eine Alternative haben, wann werden sie diese in Erwägung ziehen? In früheren Zeiten, in kleinen Ortschaften konnte der Dienstleister diesen Habitus möglicherweise lange aufrechterhalten, da die Kunden keine Alternativen hatten, doch das wird sich mit zunehmender Geschwindigkeit ändern. In einer Zeit, in der geographische Grenzen leichter überwunden werden und Produkte sich zunehmend durch ihre Darbietungsform und den Service differenzieren, haben wir eine immer größere Auswahl. Langfristig werden diejenigen überleben, die in der Lage sind, wirklich guten Service zu leisten, die in der Lage sind, mit Ihren Kunden zu kommunizieren.

Die richtige Grundeinstellung zum Thema Dienstleistung und Service ist im Übrigen kein Geheimnis. Literatur gibt es genügend. Wer Beratung oder Produkte sucht, um seine Kundenbeziehung zu verbessern, wird von Angeboten überschüttet. Schwer aber ist, den Schalter im Kopf der Menschen umzulegen. Schwer ist es, serviceorientiert zu fühlen, zu denken, zu handeln und zu kommunizieren. Es ist demnach mehr die Fähigkeit, eine andere Grundeinstellung einnehmen zu können, die wir zur Umsetzung einer Servicegesellschaft entwickeln müssen. Dies ist für viele vermeintlichen Dienstleister ein hoffnungsloses Unterfangen, denn für wen seit jeher das Produkt im Vordergrund steht und für wen der Kunde nur das letzte Glied in einer Wertschöpfungskette ist, der wird es als Herausforderung empfinden, nun den Menschen, die Beziehung zum Menschen und damit auch die Kommunikation in den Mittelpunkt der Betrachtung zu rücken.

Sind wir nicht alle ein wenig Dienstleister?

Ist Service messbar?

Die Qualität von Produkten ist in der Regel messbar: der Fernseher hält zehn Jahre, die Waschmaschine braucht immer weniger Strom und Wasser und wäscht trotzdem besser als das alte Modell. Es gibt Markterhebungen, Vergleiche, die Stiftung Warentest – das sind alles Möglichkeiten, um sich über die Qualität zu informieren, sie zu messen. Wie sieht es aber mit dem Service aus? Hier sind die Ergebnisse oft nicht messbar, wir können sie nur schwer beurteilen oder messen.

Harry Beckwith, amerikanischer Service-Marketing-Experte, erzählte hierzu die Geschichte einer Frau, die mit ihrer kranken Katze zum Arzt ging. Sie kam während der normalen Sprechstundenzeiten; der Arzt hatte seinen weißen Kittel an, er behandelte die Katze wie ein routinierter Tierarzt. Nur schade: Die Katze blieb immer noch krank, es ging ihr sogar immer schlechter. Der Arzt hatte ihr also nicht helfen können. Während des Wochenendes eilte die Frau mit ihrer Katze sodann zum Notdienst – dieser Arzt konnte der Katze helfen. Interessanterweise gab die Frau später zu Protokoll, der erste Arzt sei kompetenter gewesen als der zweite, der ihre Katze gerettet hatte.

Weshalb diese Einschätzung? Warum diese Meinung? In einer breiter angelegten Untersuchung fand Beckwith heraus, wie die Menschen die Kompetenz eines Arztes mit dem Auftreten (sprich Berufskleidung etc.) verbinden. Ärzte mit einem Stethoskop und einem weißen Kittel bekamen Bestnoten, nur ein weißer Kittel brachte immerhin gute Noten ein. Freizeitkleidung hingegen war gleichzusetzen mit Inkompetenz.

Symbole in Servicegesellschaften entscheiden mit über Vertrauen, Kompetenzeinschätzung und damit Qualität

Service und Kommunikation oder:
Was macht der Zahnarzt?

Wie beurteilen Sie, welcher Zahnarzt besser ist? Stellen Sie sich vor, Sie sitzen im Zahnarztsessel, der Zahnarzt bohrt, schimpft, nörgelt herum: „Warum hält das nun wieder nicht? O.k., dann versuchen wir es halt noch mal anders …" Anders bei seinem Kollegen in der gleichen Situation: „Toll, jetzt haben wir es gleich geschafft, gedulden Sie sich noch einen Augenblick. Wir führen sicherheitshalber noch eine Zahnreinigung durch, und dann hält das Ganze wieder für die nächsten sechs Monate."

Bei welchem Zahnarzt wollten Sie sein? Zu wem würden Sie Vertrauen aufbauen können? Unabhängig von der Qualität der Leistung – vielleicht wäre der erste doch besser gewesen? – tendieren wir dazu, die Leistung mit der Beziehung in Verbindung zu bringen, die wir zu dem Dienstleister haben. Dabei spielt die Kommunikation eine entscheidende Rolle.

> *Worte vermitteln Vertrauen und sind somit die Basis jeder Beziehung.*

Schlüsselworte für eine gute Kundenbeziehung

Lasse ich Revue passieren, in welchen Kneipen, Lokalen, Restaurants ich Stammgast bin, so wurde diese Entscheidung in den allermeisten Fällen davon beeinflusst, wie freundlich und aufmerksam man mir dort begegnet. Selbst das erstklassige Gourmet-Restaurant besuche ich nicht unbedingt wieder, wenn mir die Arroganz des Oberkellners den Appetit verdarb.

Dabei ist es so leicht, freundliche Worte zu finden, und wir alle kennen sie. Aber oft scheinen sie schwerer über die Lippen zu kommen als eine neu erlernte Fremdsprache. Wie immer kommt es auch hier auf die grundsätzliche Einstellung an, auf das Bewusstsein, wie wichtig ein freundlicher Service für das Wohlbefinden der Kunden ist. Anbei sind einige Wörter notiert, die den feinen Unterschied zwischen einem „sich-nicht-beschwerenden Kunden" und einem wirklich zufriedenen Kunden ausmachen können:

Gerne …
Willkommen …
Was kann ich für Sie tun …
Danke
Haben Sie noch einen Wunsch …
Wie kann ich Ihnen weiterhelfen …
Ich werde mich der Sache annehmen …
Ich werde mich darum kümmern …
Mir ist wichtig, dass Sie mit dem Ergebnis zufrieden sind …
Ich möchte Sie langfristig zufrieden stellen …
Sie sind mir immer noch der liebste Kunde …
Für Sie erledige ich das, wie immer, sehr gerne …

***Dienstleistung = Beziehung
(und diese entsteht über Kommunikation)***

Nach vorne gerichtete Kommunikation

Unter „nach vorne gerichteter Kommunikation" verstehen wir Sätze und Wörter, die das positive, den Weg nach vorne, die Möglichkeiten hervorheben, im Gegensatz zu den Sätzen, die das Problem unterstreichen. Ein Kunde würde schnell merken, wenn Sie ein (sein) Problem sprachlich beschönigen oder gar wegreden wollten. Doch ganz sicher steckt in jedem Problem auch eine Chance und eine Lösungsmöglichkeit. Wenn Sie als Dienstleister beauftragt werden wollen, dann ist es elementar, in Lösungen zu denken und auch zu sprechen.

Das schaffen wir schon!
Sie können sich auf uns verlassen!
Auch hierfür finden wir eine Lösung …
Wir haben schon Schlimmeres wieder in den Griff bekommen …
Kein Problem, ich werde das für Sie lösen …

Lösungsorientiert denken und sprechen, bis die Lösung gefunden ist – das erwartet der Kunde von Ihnen. Das Problem hat er schon!

Der beste, der angenehmste und der wichtigste Kunde

Jeder Mensch ist einzigartig, jeder Mensch ist etwas Besonderes. Was gibt Ihnen ein schöneres Gefühl, als wenn Ihre Einzigartigkeit unterstrichen wird?! Ein Kunde entscheidet sich für Sie – toll, dann haben sie wohl irgend etwas besser gemacht als die anderen. Die Wahrscheinlichkeit, dass dieser Kunde zum Stammkunden wird, ist ganz sicher auch davon abhängig, wie Sie ihn behandeln. Er kommt zu Ihnen, möchte sein hart verdientes Geld ausgeben. Das sollte Ihnen Grund genug sein, ihm auch einen einzigartigen Service, der in manchen Fällen auch direkt auf seine Situation zugeschnitten ist, zu bieten.

Sprachlich könnten Sie Ihre Konzentration auf diesen speziellen Kunden etwa so zum Ausdruck bringen:

- *Lassen Sie uns die beste Lösung für Ihren speziellen Fall finden.*
- *Lassen Sie mich Ihren speziellen Fall verstehen ...*
- *Ich arbeite Ihnen eine genau auf Ihre Situation zugeschnittene Lösung aus.*
- *Was sind Ihre speziellen Wünsche ...*
- *Was erwarten Sie von ...*
- *Was ist Ihnen speziell wichtig am Ergebnis, das wir ...*

Unterstreichen Sie die Einzigartigkeit eines jeden Kunden!

Dienstleistungsphasen

Das, was wir tun und lassen und das, was wir kommunizieren, beginnt in unserem Kopf. Je bewusster ich mich demnach mit etwas auseinander setze, desto bewusster gehe ich damit anschließend auch um. Jede Phase des Dienstleistungsprozesses verlangt Kommunikation, und deshalb ist es unerlässlich, einen Service auch daraufhin zu prüfen, was der Kunde zu jedem Zeitpunkt in der potenziellen Beziehung hört, liest oder sieht.

Die vier Phasen der Dienstleistung:

- *Beziehungsaufbau*
  Die Kommunikation ist darauf ausgerichtet, Präsenz zu vermitteln. Der Anbieter muss auffallen, ins Auge fallen, sich von der Menge abheben. Eine Beziehung wird aufgebaut, Vertrauen entwickelt sich.

■ *Serviceabschluss*

Ein Versprechen bezüglich der zukünftigen Leistungser-
bringung wird gegen Geld abgewogen. Eine klare, ein-
deutige Sprache wird von Kunden erwartet. Falsche Er-
wartungshaltungen an dieser Stelle werden die Kunden-
zufriedenheit unmöglich machen.

■ *Dienstleistungserbringung*

Kommunikation während der Erbringung der Leistung ist
kritisch, denn die Qualität der Dienstleistung hängt davon
ab, welchen Eindruck der Kunde gewonnen hat. Da viele
Qualitätsmerkmale aber nicht sichtbar sind (wie hätte Sie
ein anderer Rechtsanwalt vertreten, hätte Ihre Frisur
schöner sein können, etc.) hat das Wort hier einen besonderen Stellenwert. Es entscheidet mit darüber, ob die Erwartungshaltung des Kunden erfüllt wird oder nicht.

■ *Kundenpflege*

Nach der Erbringung des Service ist meist eine Beziehung
entstanden. Das heißt aber noch lange nicht, dass die Beziehung für ein weiteres Geschäft genutzt werden kann,
ohne diese zu pflegen und zu entwickeln. Kommunikation ist wichtig, um den Kunden weiter zu binden und
mögliche zukünftige Services verkaufen zu können.

> *Kommunikation ist Teil der Dienst-Leistung.*

6. Conclusio

■ *Kommunikation ist die Grundlage jeder Beziehung.*

■ *Die Art der Beziehung spiegelt sich in der Kommunikation. Durch die Kommunikation kann die Art der Beziehung jedoch auch beeinflusst werden.*

■ *Kommunikation schafft Vertrauen. Vertrauen schafft Nähe.*

■ *Aufgrund unserer individuellen Ziele und Interessen und der Limitationen der Sprache sind Konflikte ein immanenter Teil unseres sozialen Zusammenlebens. Nicht jeder Konflikt kann oder muss gelöst werden. Konzentrieren Sie sich auf diejenigen, die es wert sind.*

■ *Rhetorik kann keine Konflikte lösen, sondern Sie lediglich dabei unterstützen.*
Stellen Sie die inhaltliche Lösung in den Vordergrund Ihres Interesses.

■ *Service beginnt im Kopf. Nur wer die richtige Grundeinstellung an den Tag legt, wird kundenorientiert kommunizieren können.*

TEIL IV

MÄNNLICHE UND WEIBLICHE BESONDERHEITEN: ZWEI MÄNNER PACKEN AUS!

1. Timmy – ein Mann

> *„Ein Intellektueller ist ein Mann,*
> *der etwas Interessanteres gefunden hat als Frauen."*
> Unbekannt

Klarissa

Die paar Mark mehr hätten die Eltern wohl in eine ordentliche Ultraschalluntersuchung stecken sollen. Denn nun war es passiert: Klein-Klarissa hatte *mehr* als erwartet – sie war ein Junge! Die nun geforderte Namensgebung beschwor eine Krisensituation herauf. Innerhalb weniger Tage, ja Stunden, war eine Bezeichnung zu finden, die diesen Unterschied deutlich (und die Enttäuschung weniger deutlich) machen würde. Klein-Timmy (so würde er später heißen) lag fassungslos in seinem Körbchen. Nicht nur dass man ihm kein Einzelzimmer gab (obwohl Mama privat versichert war und ein Zimmer mit Blick ins Grüne genoss), man legte ihn auch noch zu Schreihälsen, Frühgeburtlern und anderen Tunichtguten. Selbst nackte Weiber lagen vis-à-vis. Welch ein Anfang, welch eine Aufregung! Und dann seine Eltern: Sie waren sich nicht einig, wie er nun heißen sollte (Butzi, Schnuggelchen, Süßer oder Kleiner würde doch niemals als Passeintrag akzeptiert!). Aber Mama mochte den Oberarzt. Das war Tim. Und so hieß der Kleine Timmy.

Das mit der Ansprache war eh noch etwas schwierig. So richtig verstand Timmy nicht, was Mama und Papa wollten. Das Gesäusel, das sich regelmäßig über seinem Bettchen ergoß, hatte noch keine Regelmäßigkeit, keine Struktur, nichts

Wiedererkennbares. Verschiedene Tonlagen, ein starker Dialekt (wo bin ich hier eigentlich gelandet?) und mehr oder minder wohlklingende Brocken sollten ihm das Gefühl geben: Du gehörst jetzt zu uns, herzlich willkommen (hatte er da nicht auch einen Satz wahrgenommen: „Der ist aber nicht sooo hübsch …" und „Wenn schon keine Tochter, dann wenigstens die Rente von morgen!"?) Naja, sei's drum. Soweit bemühten sich alle, nett zu sein. Eigentlich alle.

Nach wenigen Tagen war Umzug angesagt. Mama und Papa waren hektischer als sonst, die Autofahrt eine noch schlimmere Rütteltour, als mit dem weißen Wagen durch die Gänge geschoben zu werden. Vom Fahrersitz kamen Worte wie „daran gewöhnen" und „vielleicht Berufsfahrer". Der Sinn des Ganzen war für Klein-Timmy noch nicht zugänglich. War ihm eigentlich auch egal.

Zu Hause angekommen wurde das Ausmaß dieses Umzugs deutlich: Den Partysaal hatte er nun ausgetauscht gegen eine schalldichte Zelle, von den Eltern in ein leichtes Rosa getaucht. Anschaffungen der letzten Tage schimmerten in einem zarten Blau durch – er war ja jetzt ein Junge. Die Liege- und Wirkungsstätte war größer geworden, die erste Nacht im eigenen Heim brach an.

> **Vermitteln Sie Werte (Papas Auto hat mehr Wert als Mamas)!**

Klein-Timmy

Klein-Timmy hat's nicht leicht. In seinem zarten Alter von gerade mal drei Jahren ist die Welt noch eine große Unbekannte. Zudem ist morgen ein ernster Tag. Es ist der erste Tag im Kindergarten. Natürlich ist Kindergarten nicht der richtige Ausdruck. Klein-Timmy hatte neulich ein Gespräch mitgehört zwischen seinem Papa und einem alten Kumpel (wie Papa ihn nannte). Papa meinte darin, einen Kindergarten hätte *er* nie gebraucht. Zu seiner Zeit hätte man die Mädels noch auf offener Straße am Rock gezogen. Was Papa wohl damit meinte? Klein-Timmy lag im Bett und ließ seine Gedanken streifen. Warum bräuchte er den Kindergarten und Papa nicht? Warum war am Rock ziehen besser als Grimassen ziehen? Sollte er das morgen womöglich auch mal machen und stolz behaupten, er habe das von Papa gelernt?

Klein-Timmy war etwas eingeschüchtert. Das erste Mal in seinem Leben durfte er keine Spielsachen mitnehmen. Papa sagte, in seinem Job sei das ganz ähnlich (keinen Playboy am Arbeitsplatz). Wahrscheinlich hatte er recht. Der Kindergarten war eine recht erwachsene Angelegenheit. Mama würde ihn übrigens nur hinbringen – nicht dabei bleiben (das tat sie auch bei Papa nicht). Stolz und Unsicherheit hielten sich die Waage. Wie wohl die Jungs reagieren würden? Er durfte ja keine Spielsachen mitnehmen, die sie beeindrucken würden – die Magnum hätte ihnen sicher gefallen. Oder der Drilling (ein Wasserlauf, 2 Wattekugeln), kam bisher bei jeder Party an. Auch die Spielautos hatten ihre Reize. Wie sollte er nun ihre Aufmerksamkeit wecken, wie könnte er sich wohl stolz präsentieren, über was würde er mit ihnen reden können?

> *Besitz als Gegenstand männlicher Gesprächsinhalte*
> *oder: Worüber definiert sich der Mann?*

Baumeister, Maler, Schwätzer

Die Welt von Klein-Timmy hat sich geändert. Die Jungs haben ihn inzwischen akzeptiert. Der Bestimmer ist Hans (er ist nicht nur am ältesten und größten, er hat sogar mal die Erzieherin geohrfeigt. Wow!). Zu Timmys Enttäuschung war festzustellen, dass die Kindergartenzeit von Papa schon lange vorbei sein muss. Die Mädels tragen Jeans.

Timmy ist im Grunde ein Baumeister (der Baumarkt-Besucher von morgen). Vielleicht weil Papa Ingenieur ist. Vielleicht aber auch, weil ihn das am besten von den puppenspielenden Tussis in seiner Umgebung abgrenzt. Papa sagte neulich: „Weiber brauchen das. Für später." Frau Holler (die Erzieherin – meist angesprochen mit „Du, Frau Holler") sagt, das habe damit nichts zu tun. Naja, sie wird schon noch sehen.

Als Baumeister muss Timmy nicht viel reden. Aber präzise Ingenieursarbeit zu leisten heißt, sich verständlich ausdrücken zu können. Es macht einen Unterschied, ob nach dem „länglichen Baustein, halb dick in Blau" gesucht wird oder der „quadratische gelbe Eckstein" noch gebraucht wird. Die Ausdrucksform ist präzise, meidet unnötige Worte und reduziert sich auf das Wesentliche. Stolz wird nicht selten empfunden ohne ihn zu äußern, denn Timmy ist schließlich keine Schwätzbacke wie Hans. Seine Gedankenwelt ist reich, er ist auf der Suche nach Strukturen und Zusammenhängen, die Sprache ist unaufdringlich und klar.

> *Nur soviel Detail, wie unbedingt notwendig.*
> *Suchen Sie ständig nach Überschriften und Struktur.*

Hans ist da ganz anders. Als Bestimmer muss er viel reden. Schließlich ist es nicht einfach, so einen Haufen unter Kontrolle zu halten. Da muss schon mal ein lautes Wort fallen, wenn so einem Baumeister nicht klar ist, wo es lang geht. Die Sprache von Hans ist extrovertierter, lauter, spontaner. Er spricht viel und hört sich gerne reden. Seine Zufriedenheit ergibt sich durch das Verhalten der anderen. Wenn die tun, was er sagt, ist die Welt für ihn in Ordnung.

Die Gruppe, mit der Hans recht wenig anzufangen weiß, sind die Maler. Die Maler stehen am Anfang eines männlichen Identifikationsprozesses (hat Hans seit Jahren hinter sich), denn sie liebäugeln auch mal mit der Puppenstube – wenn nur Hans und die Baumeister es nicht mitbekommen würden. Klein-Timmy findet, die Maler sprechen eine unklare Sprache, fast wie die Weiber.

> *Sprache prägt Rollen prägten Sprache (oder anders herum?).*
> *Bringen Sie das, was Sie sagen, auf den Punkt.*

Banden, Kämpfe, Kraftvergleich

Klein-Timmy geht nun schon seit einiger Zeit zur Schule. Im Zusammenspiel mit den anderen hat sich etwas geändert: Das Stichwort ist Körperstärke. Abgrenzung und Zugehörigkeit definieren sich über Banden, die sich gegenseitig fürchten (sollen). Ob die Eltern wissen, dass Timmy nun zur Bande von Hans gehört, und nun eigentlich gegen Robbi (den Sohn von Papas Freund) ist, weil der in Bande „Frauenversteher" ist? Timmy kommuniziert selektiver. Nicht mehr alles gelangt zu den Eltern, nicht mehr alles zum Lehrer. Nicht mehr alles zu Freunden.

Innerhalb der Bande entsteht Gemeinsamkeit über Kommunikation (sich alles erzählen) und Nicht-Kommunikation (nicht nach außen erzählen). Die wichtigste Kommunikation aber braucht in dieser Phase keine Worte:

> *Die Kommunikation der Muskelkraft. Oder: Zeig mir, wer Deine Freunde sind, und ich sage Dir, wer Du bist.*

Willst Du mit mir geh'n?

Die Kommunikation mit dem anderen Geschlecht ist ein neues Thema für Klein-Timmy (inzwischen 14 und gut 1,65 cm groß). Schließlich hatte er es bisher immer nur mit Menschen zu tun, die auch meinten, was sie sagten. Ob er dabei die Weisheiten von Papa umsetzen soll? Mama hat sich nämlich inzwischen von Papa getrennt, weil der wohl eine Freundin hatte. Und genau so eine sucht nun auch Timmy. Zumindest für die Pausen. Und nach der Schule? Könnte eine Freundin jemals Fußball oder Hockey ersetzen?

Mit der Kommunikation tut sich Timmy an dieser Stelle noch schwer. Wie zum Teufel soll er mit der Pute ins Gespräch kommen?! Dieses Geklüngel unter den Freundinnen ist ein großes Hemmnis. Auch die Tatsache, dass die Mädels keine sinnvollen Themen haben, über die Mann mit ihnen reden könnte. Small Talk wird zur Herausforderung. Was tun?

In den höheren Klassenstufen laufen Pärchen eng um-schlungen über den Schulhof. Das wäre vielleicht anfangs peinlich – im Winter würde es aber wärmen. Wie hatten die wohl das Ganze angefangen?

> *Lust bringt Frust, weil Kommunikation so schwierig scheint.*

Junge Erwachsene

Die Jungs haben ihre Bandenkriege aufgegeben. Mit 17 Jahren steht die Mobilität im Vordergrund. Moped, Führerschein, Autos definieren Haben und Sein. Mehr PS hat mehr zu sagen. Schnell gefahren hat Mut bewiesen. Größere Autos bringen schönere Mädels. Was Papa schon immer vormachte, wird nun Wirklichkeit: Das Auto als intellektueller Mittelpunkt.

> *PS (Pferde-Sprache)*

Ausbildung

Im Anschluss an die Schule bekommt Timmys Intellekt noch eine (große) Aufgabe: die Ausbildung, das Studium. Wenn er das geschafft haben wird, ist der menschliche Lernwille gesättigt, das Gehirn der Degenerierung preisgegeben.

Timmy freut sich auf die Ausbildung. Die große Freiheit, das echte Leben. Inzwischen ist Timmy nicht nur mit unzähligen Mädels gegangen (die meisten wussten gar nichts davon), sondern hatte auch schon den ersten Herzenskummer. Die Schnecke nahm einen anderen. Dieses Schwein. Aber Hans war eh nie sein bester Freund gewesen. Und deshalb hatte er es ihm heimgezahlt. Aber richtig. Nach 200 Stunden Sozialarbeit und einem kleinen Schmerzensgeld kann Tim-

my heute behaupten, schon mehr mitgemacht zu haben als
seine Kollegen. Er ist ein Mann, ein richtiger Mann.

*Die Häufigkeit der Nutzung roher Gewalt verhält sich oft
umgekehrt proportional zu den intellektuellen Fähigkeiten.*

Timmys Kommunikation hat sich ebenfalls geändert. Er hat
gelernt, sich mit Frauen zu unterhalten. Über Männer zu lästern kommt meist gut, weil die Hühner dann glauben, man
würde sie verstehen. Nur darf das keiner der Kumpels erfahren, die würden ihn auslachen – Frauenversteher! Auch
Timmy muss schmunzeln. Denn auch er will nur das eine:
Autos. Ja klar, und dann noch Frauen. Sonst ist der Beifah-
rersitz ja leer.

Zielgruppen-spezifische Sprachinhalte und Formen

Bund und Berufsleben

Timmy lernt: Es gibt nicht nur Auto-Raritäten, sondern auch
Auto-ritäten. Autoritäten kommunizieren klar. Sie haben
Macht. Timmy lernt zu gehorchen (etwas, das Frauen nie
lernen) und selbst zu befehlen – oder verspürt zumindest
den Wunsch dazu (etwas, das Frauen zumindest im Privaten
angeboren zu sein scheint). Falls bis zum 18. Lebensjahr die
männliche Sprache noch nicht klar und deutlich geworden
ist, dann wird sie es durch die Bundeswehr. Denn eines ist
klar: Missverständnisse gibt es dort nicht. Einer spricht und
die anderen folgen (fast wie zuhause).

Macht via Sprache

„Guten Morgen, Fettsack!"

Frauen würden sich untereinander niemals so ansprechen. Männer schon. Es ist sogar ein Zeichen besonderer freundschaftlicher Verbundenheit, wenn man sich gegenseitig beleidigt: Sackgesicht, Dumpfbacke, Vorwärtseinparker, fette Sau oder Pissnelke. Der Kombinatorik sind keine Grenzen gesetzt, Wortneuschöpfungen verstehen sich als Zeichen der Zuneigung: Na, Du alter Bettnässer, faltiges Sackgesicht, wie geht's Dir heute?

Beleidigungen unter Männern sind Zeichen tiefer Verbundenheit. (Wie verbunden sind Sie Ihrem Chef?)

Wir denken, dass wir mit diesem Kapitel nicht nur die (halbe) Wahrheit über die geschlechtsspezifisch entwickelte Kommunikation ans Licht gebracht haben (die ganze gibt es im nächsten Kapitel über „Frauen"). Es lag uns auch daran, unseren Leserinnen endlich Einblick in diese ihnen doch oft fremde, weil nicht zugängliche Welt zu gewähren. Vielleicht ist das ein weiterer Schritt im gegenseitigen Verstehen, wenn sich beim nächsten Streit wieder einmal Mann und Frau gegenüber stehen ...

2. Ein Mann, ein Wort: Timmys Leben

Eigentlich gibt es an dieser Stelle nicht viel zu schreiben. Männer haben in diesem Sinne ja keine Probleme. Also brauchen Sie auch keine Tipps. Aber für all die Weicheier und Bettnässer, die sich haben einreden lassen, sie seien nicht perfekt, für alle unverbesserlichen Selbst-Zweifler, sind diese Tipps gedacht.

Männer fragen nicht.
Männer haben Antworten ...

Wir haben schon die eine oder andere Gelegenheit ergriffen, über die männliche Rolle des Rat-Gebers zu philosophieren. Es scheint, als wäre der Mann dazu geboren, wissend zu sein. Dies wird auch reflektiert durch gesellschaftlich-soziale Werte und Normen. Männlichkeit hat etwas zu tun mit der Fähigkeit zu beschützen, zu wissen wo es langgeht, zu beruhigen, Unsicherheit zu nehmen etc. Da passt es besser in das männliche Leitbild, Antworten geben zu können, als Fragen aufzuwerfen. Insbesondere gegenüber dem (ach so) schwachen Geschlecht.

Was Männer dabei häufig übersehen: Dumm bleibt, wer nicht fragt. Oder zumindest: Unverstanden. Denn viele Botschaften (insbesondere weiblichen Ursprungs) sind interpretationsbedürftig. Sie bedürfen eines Verständnisses und Erklärungsrahmens, der per se dem Manne nicht gegeben ist. Also muss das erworben, erlernt respektive erfragt werden. Dies setzt Offenheit, immanente Selbstrelativierung („Ich weiss nicht alles") voraus und bedeutet für so manchen Manne einen Schritt in Richtung Demütigung. Ist der scheinbar so schwere Schritt allerdings überwunden, können die Ergebnisse verblüffend sein. Man kann die Frauen verstehen (oder zumindest manchmal).

Er-fragen, was gemeint ist
oder: Raus aus dem Sendemodus

Gesprächsthemen I

Männer sind auch keine geborenen Zuhörer. Schließlich ist das Lauschen an der Tür die Erfindung von Hausmädchen. Allerdings müssen auch Männer eingestehen, dass die Fähigkeit des Zuhörens (und Verstehenwollens) eine durchaus nützliche und gewinnbringende sein kann.

Zuhören ist nämlich eine der Basis-Sozialkompetenzen. Wer nur reden kann, wer sich mehr produziert, als andere wahrzunehmen und wer kein Ohr für seine Mitmenschen beweist, hat es schwer, als sozialer Knotenpunkt etabliert zu werden. Vielleicht auch ein Grund, warum Frauen im Bilden von sozialen Netzwerken geschickter und erfolgreicher sind.

Zuhören ist eine Eigenschaft, die uns zunehmend schwer fällt. Nicht nur für Männer ist dies eine Herausforderung. Denn die exponentiell wachsende Datenflut und die durch die Vielfalt der Medien zunehmende Penetrierung von Informationen in unserem täglichen Leben lässt uns langsam, aber stetig abstumpfen gegenüber dem gesprochenen Wort. Zuhören wird heute kaum noch gefördert. Wer im Krieg der Informationen überleben möchte, muss weghören, ausblenden, überhören und aussortieren. Umso schwieriger wird es zu entscheiden, wann wir auf aktives Zuhören (Fussball, Nachrichten, Personalbeurteilung, Konzert, Frau?) schalten, wann wir uns berieseln lassen (Radio, TV, Präsentationen, Frau?) und wann wir ganz abschalten oder die Informationsquelle gar ausschalten (E-Mail, Fernseher, Frau?)

> *Lernen zuzuhören (die wichtigste Fähigkeit eines jeden Beraters)*

Gesprächsthemen II

Vielfach verstehen Männer, was Frauen ihnen sagen. Das führt zwangsläufig zu Missverständnissen. Denn was Frauen im Sinne des gesprochenen Wortes sagen, ist oft nicht genau das, was sie zum Ausdruck bringen wollen. Mit anderen Worten: Es gibt eine direkte und eine indirekte Botschaft. Und wenn der Mann die Botschaft explizit verstehst („Du bist nie da"), sie aber symbolisch verstanden sein soll („Ich würde gerne mehr Zeit mit Dir verbringen"), ist das Theater da.

Dabei greifen Frauen in Ihrer Kommunikation zu rhetorischen Stilmitteln wie dem der Simplifizierung, Polarisierung oder Übertreibung, die allesamt auch Stilmittel der männlichen Rhetorik sind. Darüber hinaus nutzen Frauen aber auch sprachliche Werkzeuge wie die Ironie, oder das Verdrehen ins Gegenteil, Eigenprojektion etc., die den Männern weniger gängig scheinen.

Wenn Männer Frauen verstehen wollen, dürfen Sie also nicht nur auf das gesprochene Wort hören (und reagieren), sondern müssen versuchen zu verstehen (interpretieren), was denn eigentlich damit gemeint ist.

Worte sind Symptome. Entdecken Sie, was dahinter steckt.

Männliche PR-Glanzleistungen

Die Tatsache, dass wir Männer uns in so manchen Fällen als unzulänglich empfinden und dies an unserem Selbstwertgefühl nagt, kann dazu führen, dass wir im Detail oder in manchen Themen verstärkt darauf pochen, Recht behalten zu wollen. Wir verstecken uns hinter einer Fassade der vermeintlichen Stärke. Viel besser würde es uns möglicherweise stehen, verstehen zu wollen, was uns in diese Grundhaltung treibt. Tatsächliche Stärke besteht darin, dass wir damit beginnen, uns selbst in Frage zu stellen versus immer recht behalten zu wollen.

Denn dann beginnt ein Lernprozess auf höherer Ebene.

3. Klarissa – eine Frau

„Wie kann man von der Börse Zuverlässigkeit und Beständigkeit erwarten, wo sie doch in den meisten Sprachen weiblichen Geschlechts ist"

Raul Bouchat

Endlich: Klarissa

Nachdem Timmys Eltern die Enttäuschung über die damals so sehnlich gewünschte Tochter (die sich im Kreißsaal eindeutig als Sohn entpuppte) verschmerzt hatten, bekam Timmy drei Jahre später ein Geschwisterchen. Und wirklich, diesmal konnte sein stolzer Vater endlich Prinzessin Klarissa aus den Händen der Hebamme in Empfang nehmen. Die Freude war groß, hatten die Eltern doch nun das perfekte „Pärchen" – und die Namensfrage konnte ohne Zögern in gegenseitigem Einverständnis geklärt werden. „Klarissa" war geboren und wurde herzlich willkommen geheißen.

Nachdem wir nun schon Timmys Lebensgeschichte sozusagen im Vorgriff in Gänze betrachtet haben, wollen wir unsere Aufmerksamkeit nun ganz seiner kleinen Schwester Klarissa zuwenden (das ist sowieso das, was Frauen am meisten wollen: die ganze Aufmerksamkeit!). Und wir werden bald feststellen – Timmys kommunikative Biographie im Hinterkopf: Frauen sind da ganz anders. Und das nicht ohne Grund.

Zwar lauscht auch Klein-Klarissa von Säuglingsbeinen an den Gesprächen ihrer Eltern. Aber bereits im Kreißsaal tut sie so, als würde sie gar nichts hören.

Wenn sie jedoch bereits sprechen könnte, hätte sie die News schon längst im ganzen Krankenhaus verteilt. Klarissa ist eben eine Frau!

Zuhause angekommen vermisst Klarissa keineswegs die weißbekittelten Krankenschwestern. Die Oberzicke von der Entbindungsstation war ihr eh nicht geheuer. Nur gut, dass die, wenn Klarissa heiratsfähig ist, keine Konkurrenz mehr darstellt. Klarissa hat andere Sorgen: Ihr Säuglingsbett muss reingehalten werden, das Zimmer dekoriert sein, alle Verwandten informiert werden. Beziehungen sind wichtig, müssen gepflegt werden. Schließlich sollen alle happy sein.

Klarissa steht in Schulterschluss mit der Mutter. Manchmal gibt dies Konflikte. Denn ihre Mutter hat ähnliche Wünsche und Ziele, aber eben nur ähnliche. Mit ihrem Vater versteht sich Klarissa gut, denn der hat das Geld. Und er ist sonst nicht sehr viel zu Hause. Klarissa ist ein ganz typischer weiblicher Säugling. Naja, nicht ganz typisch. Vielleicht nur typisch in den Augen von Timmy. Denn er ist ihr Bruder und hat eben so seine eigenen Ansichten.

Beziehungen als Mittelpunkt.
Beziehungen als Mittel. Punkt.

Die Puppenstube als Brennpunkt des weiblichen Interesses, Mittelpunkt sozialer Zugehörigkeit und Fokus kommunikativer Reflexion – warum ist sie für Klarissa so wichtig? Sind es die weiblichen Gene, oder ist die soziale Prägung mütterlicherseits dafür entscheidend?

Die vielzitierte Analogie aus der Natur vom Mann als dem Nestbauenden und der Frau als der Nestbeschützerin hat zumindest folgende Parallele: Auch im menschlichen Zusammenleben beobachten wir, dass sich Frauen besonders um das soziale Netz kümmern. Auch durch die historische Rollenverteilung begründet, tragen Sie besondere Verantwortung für das Familiennest und sind der zentrale Motor des familiären Lebens. Sie vermitteln, koordinieren, schlichten, wecken Verständnis und führen zusammen.

Dies macht sich nicht nur bei Klein-Klarissa bemerkbar, die mit Begeisterung „Küche", „Familie" und „Frau" spielt, sondern wird auch interessante Ausprägungen auf das spätere Berufsleben haben (hierzu aber später). Ob angeboren oder anerzogen:

Beziehungen sind Gegenstand weiblicher Gesprächsinhalte.

Gerüchte, Kettenbriefe und Querflöte

„Der Unterschied zwischen den beiden Geschlechtern liegt darin, dass wenige Männer Geschichte machen, aber sehr viele Frauen Geschichten."

Georges Feydeau

Klarissa geht mittlerweile zur Schule. Die Fächer sind hochinteressant, besonders Mathe. Der Mathelehrer ist Italiener, schwarze Haare, blaue Augen, unverheiratet. Echt süßer Typ. Und so ein knackiger Hintern!

Klarissas Kommunikation ist lieb und nett, besonders im Mathe-Unterricht. Aber eigentlich zu allen Lehrern. Da rutscht ihr eher mal ein bissiges Wort gegenüber Mitschülerinnen raus. Mitschüler ignoriert sie. Alles Kinder.

Klarissa kennt die Wichtigkeit der Beziehung. Zum Beispiel zu den Lehrern. Da akzeptiert sie es auch nicht, wenn ein Junge meint, er müsste diese Beziehung belasten. Bevor ein Streich ausgeführt werden kann, versucht Klarissa, ihn zu vereiteln. Wenn er nicht zu verhindern war, hilft Klarissa, den Täter dingfest zu machen. Nicht selbst. Aber die Lehrer haben für Klarissa immer ein offenes Ohr. Man glaubt Klarissa im Allgemeinen, weil sie niemandem etwas antut (oder es niemand mitbekommt). Klarissa ist vielleicht sogar geschickter in ihrer Kommunikation. Sie hat früh gelernt, wer in der Familie, genauso wie in der Schule, welches Sagen hat, wie zu kommunizieren ist, um zum Ergebnis zu kommen. Klarissas kommunikative Intelligenz ist in diesem Entwicklungsstadium stärker ausgeprägt als es die von Timmy damals war (und jemals sein wird?!). Nicht angeboren, aber schnell gelernt:

Kommunikative Intelligenz hilft der Beziehung.

Willst Du mit mir geh'n?

Als Teenager hat Klarissa einen großen Vorteil. Sie ist eine Frau. So kann sie sich gemütlich zurücklehnen und warten, bis sie angesprochen wird. Doch halt, die Uhr tickt. Zurücklehnen wäre Zeitverschwendung. Klarissa wartet darauf, angesprochen zu werden. Möglichst schnell. Möglichst vom Mathe-Lehrer. Oder einem anderen süßen Typ. Aber wie sollte der eigentlich sein?

Eigentlich muss er nur nett sein. Und gut aussehen. Und ein bestimmtes Alter haben. Und eine bestimmte Nationalität. Und er sollte ein schickes Auto haben für schöne Wochenendausflüge. Und kleinlich darf er nicht sein. Auch nicht geizig, nein, überhaupt nicht. Er sollte selbstbewusst auf sie zugehen, dabei aber nicht arrogant sein. Und andere Frauen darf er natürlich auch nicht anschauen. Kein Macho, aber männlich. Einfühlsam, aber kein Weichei. Nicht fett, kein Brillenträger, kein Müsli, kein Punker. Schwarze Haare, schmale Nase, leuchtende Augen. Zwischen 1,78 m und 1,82 m groß, wenn's geht, 1,80 m. Interessiert, aber nicht neugierig. Freundlich, aber nicht schleimig. Zielorientiert, aber nicht stur. Flexibel, aber nicht gleichgültig. Und wenn er all das hat, dann muss er auch nicht unbedingt mehr nett sein. Man kann ja nicht alles haben. Wer weibliche Kommunikation verstehen will, muss wissen:

Frauen er-warten und re-agieren

Klarissa im Beruf

„Abhängigkeit ist das Los der Frau, Macht ist, wo die Bärte wachsen"
Jean Baptiste Molière

Klarissa hat inzwischen einen Job. Ach ja, sie hat studiert (Prädikatsexamen – da lief doch was mit dem Prof.?!) und während ihres BWL-Studiums war sie auch außeruniversitär aktiv (Kaffeekränzchen als Praktikantin). Sie hat einen besseren Job als die meisten ihrer männlichen Kommilitonen – dafür verdient sie weniger (soll sich halt weniger Klamotten kaufen, dann reicht auch das Geld). Klarissa ist also vollständig in die moderne Arbeitsgesellschaft integriert. Glaubt sie! Glauben Sie?

Mythen, Produkte sozialer Rollen, Vorurteile oder männliches Wunschdenken: Wie Frauen aufwachsen, ist Grundlage ihrer späteren Kommunikation. Wenn wir (Mann und Frau) eine langfristig erfolgreiche Kommunikation mit dem weiblichen Geschlecht anstreben, ist es notwendig, damit zu beginnen diese Hintergründe, diese Geschichte verstehen zu wollen.

Übrigens: Rein statistisch wird Klarissa ihr Leben lang weniger verdienen und langsamer Karriere machen als ihre männlichen Mitstreiter. Warum das so ist, ist die eine Frage. Die andere, und spannendere, ist: Wie kann Klarissa dies ändern? Wie kann Klarissa in der männergeprägten Arbeitswelt dieselbe Anerkennung bekommen, die gleichen Chancen wahrnehmen, denselben Erfolg erzielen? Lassen Sie uns hierauf in den nächsten Kapiteln eingehen.

Denn Klarissas Sprache ist zwar dabei nur ein Puzzlestein, jedoch ein wesentlicher. Die Kraft der Worte kann Klarissa helfen, die erschwerte Situation zu kompensieren oder zumindest teilweise wieder wettzumachen. Wenn Klarissa es verstehen würde, Sprache so einzusetzen, dass sie ihr im beruflichen Umfeld nicht schadet, sondern nützt, wäre der erste wichtige Schritt getan.

Sprache als Mittel, die Nachteile von Frauen im beruflichen Umfeld zu reduzieren

4. Eine Frau, viele Worte: Klarissas Leben

„Das soll den Frauen eigentümlich sein,
dass sie etwas anderes sprechen, als sie meinen."

Curt Goetz (1888–1960)

Die Berufswelt ist eine Männerwelt. Noch, zumindest in vielen Bereichen. Haben sich inzwischen einige Branchen, Unternehmen, Berufszweige weiterentwickelt, so bleibt in vielen Bereichen nach wie vor die Frage: Wie können sich Frauen in dieser männergeprägten Welt am besten behaupten?

Wir haben einige Gedanken zusammengefasst, die Ihnen dabei helfen können. Es sind die Gedanken von zwei Männern, die im beruflichen Alltag stehen und so manche erfolglose und einige erfolgreiche Frauen als Kolleginnen haben. Es sind Tipps zu einem weiblichen Problem, durch die männliche Brille gesehen (der Ratgeber im Mann!).

Gesprächsthemen I

Von der Männerwelt ernst genommen zu werden ist entscheidend, um Karriere zu machen. Schließlich werden die meisten Entscheidungen von Männern gefällt.

Sprechen Sie im Büro nicht über frauenspezifische Themen. Auch nicht mit anderen Frauen. Ihr Image prägt sich dadurch, an welchen Themen Sie sich beteiligen, welche Gespräche Sie führen. Ein Wort, ein Satz, und Sie tun den Männern einen großen Gefallen. Sie werden wieder in eine der traditionellen Rollen gesteckt, in die Sie (zumindest im Berufsleben) nicht gehören. Mütter, Hausfrauen und Tussis machen keine Karriere. Also bieten Sie keinen Anhaltspunkt, Sie in diese Kategorie zu stecken.

Sprechen Sie nicht über Kinder, Haushalt und Mode!

Gesprächsthemen II

Es wäre falsch zu glauben, am schnellsten würden Sie in der Männerwelt akzeptiert, wenn Sie deren Sprache sprechen würden. Die Akzeptanz, die Ihnen hier zuteil würde, wäre keine Hilfe für Ihre Karriere.

Versuchen Sie erst gar nicht, sich in Themen zu profilieren, in denen Sie nicht offensichtlich belesener und erfahrener sind als Männer. Alles andere würde nur das Vorurteil bestätigen, dass Sie keine Ahnung haben.

▨ Fragen Sie also nicht Ihren Kollegen, wie das Wetter wird (das macht seine Frau zu Hause wahrscheinlich auch jeden Abend). Gehen Sie ins Internet, und schauen Sie selber nach.

▨ Diskutieren Sie nicht über zweifelhafte Abseitssituationen beim letzten Länderspiel, wenn Sie nicht die Regeln des DFB im Schlaf runterbeten können.

▨ Spielen Sie nicht in Wettrunden (Rennwetten, Fußballwetten etc.) mit. Wenn Sie gewinnen würden, wäre das ohnehin nur Glückssache.

▨ Reihen Sie sich nicht in das Männerspiel ein, andere Frauen nach ihrem Aussehen zu beurteilen.

▨ Schicken Sie keine Witze per Internet herum.

▨ Vermeiden Sie alles, was Sie in eine andere Kategorie schieben könnte als in die, zu der Sie gehören wollen.

> *Sprechen Sie nicht über Fußball, Lotto und Frauen!*

Gesprächsthemen III

Finden Sie Themen, bei denen Sie trumpfen. Themen, in denen Sie belesener oder erfahrener sind als Ihre Kollegen. Ziel ist es, überlegen zu wirken (und zu sein), ohne dies zu betonen (die Männer merken das recht schnell, auch wenn sie es Sie nicht merken lassen wollen).

■ Sprechen Sie beim Abendessen über die Zucht von Weinreben (nicht über die Weingläser oder Accessoires), wenn Sie wissen, dass Ihre Kollegen nur rot von weiß unterscheiden können. Oder belesen Sie sich zum Thema des Bierbrauens. Das macht immer Eindruck, weil die meisten Biertrinker vom Produktionsprozess keine Ahnung haben.

■ Sprechen Sie von wirtschaftlichen Zusammenhängen, in die das Unternehmen eingebunden ist (vermeiden Sie soziale Themen). Lassen Sie Zahlen, Daten und Fakten einfließen.

■ Wenn über die Arbeitslosigkeit verschiedener Länder gesprochen wird, erwähnen Sie die Tatsache, dass die Berechnungsformel in jedem Land anders ist und deshalb die Zahlen so einfach nicht verglichen werden können. Nennen Sie ein oder zwei Beispiele dafür.

Sprechen Sie über Themen, die SIE belegen können!

Gesprächsstil I

Arbeit ist nicht nur etwas Positives. Es ist auch anstrengend, zeitraubend, energieaufwendig. Deshalb neigen auch alle dazu, über Arbeit zu jammern.

■ Es wächst mir über den Kopf.
■ Ich habe keine Zeit mehr für Mann und Kinder.
■ Immer so viel, das hört nie auf.
■ Immer werde ich gestört, ich kann mich nicht konzentrieren.
■ Warum bekommt die … Und ich nicht …
■ Ich hab schon wieder sooo einen Hals …
■ Etc.

Wer jammert, hat Probleme. Wer Probleme hat, ist kein Problemlöser.

Keine Jammereien

Gesprächsstil II

Dieses Kapitel könnte beim Leser den Anschein erwecken, die Welt ließe sich in zwei Welten trennen und auch so verstehen, indem wir hier die unterschiedlichen kommunikativen Ansätze bei Männern und Frauen darstellen. Das heißt aber keinesfalls, dass dies die wichtigste Unterscheidung ist, um dem Thema Kommunikation Genüge zu tun.

Wenn wir versuchen, menschliches Handeln und Sein als Grundlage der Kommunikation zu verstehen, dann sind wir auf der Suche nach Kategorien, Verallgemeinerungen und Schubladen, die es uns erleichtern, von der komplexen Realität zur pragmatischen Theorie zu kommen. Denn nur anhand simplifizierender Zusammenhänge und Modelle lassen sich allgemeingültige Aussagen machen. Dabei ist allerdings die Unterscheidung Mann – Frau eine bedeutsame, weil unsere Gesellschaft heute immer noch durch sie geprägt ist. Ob sie für die Kommunikation die wesentlichste Unterscheidung ist? Wir glauben, nicht. Es gibt andere Merkmale – die kommunikative Intelligenz – unabhängig vom Geschlecht, die stärker polarisiert als das Geschlecht. Mit anderen Worten: Eine Mann und eine Frau, die kommunikativ intelligent sind, ähneln sich kommunikationstheoretisch wahrscheinlich mehr, als ein kommunikativ wenig intelligenter Mann und ein sprachlich sehr bewusster und versierter Geschlechtsgenosse.

Dennoch können wir sagen, dass Frauen im Allgemeinen anders kommunizieren, weil sie auch andere Empfindungen, andere Gedanken, andere Prioritäten, andere Wünsche und Ziele haben. Dadurch ergibt sich eine weibliche Sprache, die nicht nur schön, sondern auch pflegenswert ist. Wir sagen nicht: Frauen, lernt, männlich zu sprechen! Wir sagen aber: Wenn Ihr in der Männerwelt Beachtung finden wollt, Eindruck hinterlassen wollt, Karriere machen wollt, haltet Folgendes im Hinterkopf: Es gibt eine Reihe von Formulierungen, die von Frauen wie von Männern genutzt werden (weicher Stil), aber aus dem Mund einer Frau im Ohr eines

Mannes eine Interpretation provozieren, die möglicherweise kontraproduktiv ist. Deshalb raten wir Frauen, im Geschäftsumfeld, im Gespräch mit Männern eine klare, selbstsichere und prägnante Sprache zu nutzen:

Nicht:

- Ich glaube ...
- Ich fühle ...
- Ich empfinde ...
- Es könnte sein ...
- Es müsste geben ...
- Vielleicht ...
- Wahrscheinlich ...

Sondern:

- Ich weiß (weil) ...
- Es ist bewiesen (von wem) ...
- Es ist klar (warum) ...
- Ich bin mir sicher (weshalb) ...
- Mit einer Wahrscheinlichkeit von x Prozent ...

> ***Keine weichen Formulierungen zur Vermittlung harter Tatsachen***

Gesprächsstil III

„Tussi-Gehabe" klingt abwertend. Und so ist es auch gemeint. Denn Folgendes ist immer wieder zu beobachten: Männer gefallen sich in ihrer Männerrolle (Gönner, Helfer, Ratgeber, Beschützer, Gentleman, Problemlöser) und Frauen manchmal auch in einer Frauenrolle (Umschwärmte, Begehrte, Schöne, Unbeholfene, Umsorgte, etc.). Wenn Männern also das richtige Signal gegeben wird, ist mit Sicherheit davon auszugehen, dass diese gerne in ihrer Rolle als „Mann" reagieren werden. Wenn Ihre Männerumwelt aber erst mal die Rolle angenommen hat, sind Sie automatisch in Ihrer Frauenrolle (das ist der „Man-verhält-sich-so-als-wären-Sie-und-damit-sind-Sie-Effekt" oder die Kraft der normativen Bestimmung: „Ich sage: Du bist, also bist Du!"). Geben Sie also keine Zeichen, die die Männer in Ihrer Rolle als Mann ansprechen, wie:

- Ach, ist diese Technik wieder kompliziert.
- Zuhause würde mir mein Mann helfen.
- Von einem Mann erwarte ich, dass er höflicher ist.
- Da wurde ich aber schon anders umsorgt.
- Etc.

Kein Tussi-Gehabe

Wie Sie Männer schlagen I

Wie können Sie in der Männerwelt Erfolg haben? Wie die Sprache zu diesem Erfolg nutzen? Es gibt ein chinesisches Sprichwort, das besagt, man solle niemals einen Kampf kämpfen, von dem man nicht weiß, dass man ihn gewinnen kann. Oder mit anderen Worten: Suchen Sie sich Ansatzpunkte, bei denen Sie stärker sind als die meisten Männer.

Dies ist zunächst eine recht individuelle Betrachtung. Sie müssen Ihre Person, Ihr persönliches Umfeld analysieren, um hierauf eine Antwort zu finden. Aber wir nennen gerne ein Beispiel, von dem wir glauben, es könnte auf einige Frauen zutreffen: Networking. Der Aufbau sozialer Netze im Unternehmen und außerhalb. Geschäftliches Beziehungsnetzwerk mit den richtigen Frauen und richtigen Männern: Wer für Sie wichtig ist, ist für Sie richtig.

Bessere Beziehungen

Wie Sie Männer schlagen II

An anderer Stelle haben wir schon einmal den Unterschied zwischen Marketing und PR angedeutet. Wir denken, dass Männer möglicherweise häufig besser sind im Marketing (über die eigenen Schokoladenseiten sprechen). Frauen könnten aber geschickter sein in der PR-Arbeit (andere über sich reden lassen).

Die richtige PR kann der Schlüssel zu Ihrer Karriere werden. Machen Sie sich systematisch Gedanken, wie sich eine gute PR-Kampagne in Ihrer Zielumgebung durchführen lässt.

- Wer sind die Entscheidungsträger (für meinen zukünftigen Job)?
- Welche Message (über mich) möchte ich dort platzieren?
- Welche Medien werden dort genutzt?
- Wie kann ich in diesen Medien vertreten sein?
- Wen brauche ich hierzu?

Bessere Self-PR

Auf was Sie achten sollten I

Den Wald vor lauter Bäumen nicht erkennen – passiert meist, wenn man sich mit einer Sache intensiv beschäftigt. Und Frauen arbeiten häufig gründlicher als Männer (toll, dieses Vorurteil, aber soweit unsere Erfahrung). Die Gefahr: Wer im Detail steckt, erzählt im Detail. Wer im Detail erzählt, versteht die größeren Zusammenhänge nicht. Ist für größere Aufgaben nicht zu gebrauchen. Wer im Detail ist, mag im Detail Recht haben. Aber ein Zwischensieg im Detail wird allzu oft übertrumpft von einem Sieg im Allgemeinen.

Argumentieren Sie nicht (nur) im Detail. Sprechen Sie über das „Big Picture" und nutzen Sie ihr Detailwissen, um dieses zu untermauern.

Sich nicht im Detail verlieren

Auf was Sie achten sollten II

Frauen werden häufig in Ihrer Rolle als „Die-sich-Sorgende"
und Nestbehüterin angesprochen. Nicht, weil die Männer
diese Rolle bewundern, nur, weil die Rolle geschickt ist.
Hier auszuhelfen, hier einzuspringen, hier Kaffee einzu-
schenken und Unterlagen zu holen. Aber: Der Arbeitsbe-
reich sollte ein weitestgehend geschlechtsfreier Raum sein,
der sich auf Fähigkeiten, Fertigkeiten und Beiträge konzentriert und weniger auf die soziale Rolle (Frau, Mutter, Vater,
Vereinsmitglied etc.). Die sozialen Rollen und Zugehörigkei-
ten des Mannes sind ja auch nicht ausschlaggebend für seine Aufgaben im Beruf. Sonst müsste es neben der kaffeeko-
chenden, hilfsbereiten MitarbeiterIn bald auch folgende Regeln geben:

- Alle Gourmets kochen in der Kantine.
- Alle Formel-1-Fans müssen die Geschäftswagen waschen.
- Alle Mitglieder im Schützenverein springen ein, wenn der
  Wachdienst ausfällt …

> *Soziale Rollen und berufliche Aufgaben unterscheiden.*
> *Keine Gefälligkeiten, die schaden*

Und noch ein letztes: Hinterfragen, Hinterfragen, Hinterfragen. Damit heben Sie so manchen Mann aus seiner –
auch oft undifferenzierten – Sprechweise, und so mancher
wird sich zukünftig besser vorbereiten, bevor er mit Ihnen
spricht.

5. Conclusio

- *Unsere Sozialisation prägt unsere Kommunikation.*
- *Männer und Frauen kommunizieren nicht nur anders, sie denken und sind anders.*
- *Der Schlüssel zu gegenseitigem Verständnis liegt darin, das Gesagte innerhalb weiter Toleranzgrenzen – wohlwollend – interpretieren zu können.*
- *Schenken Sie Vertrauen; es ist gratis, jedoch nicht umsonst.*
- *Kommunikation schafft Vertrauen. Vertrauen schafft Nähe.*
- *Männer und Frauen (de-)klassifizieren sich durch ihre Gesprächsinhalte.*

TEIL V

WORTE RICHTIG GESTALTEN: KOMMUNIKATION ALS WERKZEUG DER VERÄNDERUNG

1. Einfluss nehmen mit der Kraft des Wortes

„Man soll Fische nicht mit Erdbeeren und Schlagsahne ködern,
bloß weil man selbst gern Erdbeeren mit Schlagsahne isst."

Dale Carnegie

Wie spreche ich mit wem?

Besonders in kleinen Unternehmen und angelsächsisch angehauchten Firmen hierzulande ist es schon längst üblich, sich quer durch die Hierarchien von Vorgesetzten und Mitarbeitern mit Vornamen anzusprechen. In vielen Firmen wird selbstverständlich erwartet, dass sich jeder neue Mitarbeiter ins allgemeine Duzen einreihen lässt, weil so scheinbar eine lockere, kollegiale Atmosphäre zum Ausdruck gebracht wird. Selbst wenn wir in unserem sozialen Umgang immer liberaler werden und auch verbal hierarchische Schranken durchbrechen, so ist es doch immer noch wichtig, sich klar vor Augen zu halten, mit wem man gerade spricht. Zu der Zeit, als ich noch im Hotelfach arbeitete – übrigens damals ein Umfeld, in dem noch sehr stark in Hierarchien gedacht wurde – hatte ich mir diese Frage nicht bewusst gemacht. Ich arbeitete als Koch, und nach einem langen hektischen Tag in der Küche konnte man an meiner Berufskleidung meist die abendliche Speisekarte deutlich ablesen. Mich störte das nicht besonders, sah man doch daran meinen engagierten Einsatz in der Küche. Mein Küchenchef sah sich also einmal veranlasst, mich mehr oder weniger deutlich aufzufordern, meine Kleidung vor dem Abendservice zu wechseln. Ich erwiderte seine Aufforderung mit einem lässigen „Warum, sieht doch gut aus?!"

Diese schnoddrige Antwort war der berühmte Tropfen, der das Fass zum Überlaufen brachte. Der Küchenchef war wutentbrannt über meinen fehlenden Respekt (vor seiner Funktion) und brüllte mich lauthals an. Für mich war das dann Veranlassung genug, mich sogleich leicht schmollend in den Umkleideraum zu begeben. Wut und Ärger auf der Seite meines Chefs, der Reiz der Provokation und eine Niederlage auf meiner Seite waren das Ergebnis dieser Kommunikation.

An dieser Stelle sollten wir uns mit der Frage auseinander setzen, welches Ziel wir mit unserer Kommunikation verfolgen. Jedes Gespräch hat ein anderes Ziel, und jeder Gesprächspartner bedarf einer anderen Einstellung. Wenn mein damaliges Gespräch mit meinem Küchenchef also das Ziel gehabt hätte, ihn zu provozieren und ihn zu ärgern (und damit mein Verhältnis zu ihm zu belasten), dann wäre es für mich „erfolgreich" verlaufen. Allerdings glaube ich nicht, dass ich zum damaligen Zeitpunkt überhaupt Zielvorgaben in meiner Kommunikation so bewusst berücksichtigt habe. Genau das ist jedoch der positive Effekt der Mühe, sich diese Ziel-Frage zu stellen: Wir klären für uns die Gesprächsintention und schlittern deshalb nicht mehr in solche unerquicklichen und sinnlosen Auseinandersetzungen.

Meine Küchenchef-Geschichte soll also die Erkenntnis unterstreichen, wie wichtig es ist, sich über Gesprächsziele klar zu werden, sich mit dem Gegenüber zu beschäftigen und auch dessen Bedürfnisse (zum Beispiel nach Respekt, Status) in unserer Kommunikation zu berücksichtigen. Hätte ich mir damals bewusst gemacht, wie wichtig ein respektvolles Verhalten meinerseits für meinen Chef gewesen ist, so hätte ich sicher klüger reagiert. In den siebziger Jahren erwartete ein Vorgesetzter Respekt und Anerkennung aus seiner Position heraus. Meine Auflehnung dagegen war sicherlich als jugendliche Revoluzze zu bewerten. Heute überlege ich, welche Erwartungshaltung mein Gesprächspartner in dieser Hinsicht haben könnte. Das hat nichts mit Buckelei zu tun, sondern mit Menschenkenntnis und dem geschickten Einsatz derselben im Sinne meiner Ziele. Und dabei fühlt sich mein Gegenüber in seinem Wesen anerkannt und wohl; mir selbst verhilft es eventuell dazu, meinem Ziel näher zu kommen.

Ob Sie die Bedürfnisse Ihres Gesprächspartners erkennen und in Ihrer Kommunikation berücksichtigen, entscheidet mit darüber, ob Sie Ihr Ziel erreichen werden.

In welcher Rolle werde ich gesehen?

Auch das Bewusstsein über Ihre eigene Rolle und darüber, wie Sie vom Gegenüber gesehen werden, ist für den Verlauf eines jeden Gespräches von Bedeutung. Sehen wir uns dazu wieder ein Beispiel aus der Berufswelt an: Das Gespräch des Vertreters mit dem Einkäufer einer anderen Firma wird anders verlaufen als das Gespräch des Vertreters mit einem Vertreter seiner Firmenleitung. Die beiden Gespräche haben von Natur aus zwei ganz verschiedene Ziele: Produkte zu verkaufen und sich und seine Erfolge möglichst gut zu verkaufen. Wichtig zu wissen: In welcher Rolle trete ich auf? Was ist die Erwartungshaltung des Einkäufers oder der eigenen Geschäftsleitung? Werde ich als der harte Verhandler, als Weichei, Schwätzer, Fachmann oder Berater eingeschätzt? Kennt mich der Geschäftsführer als Mitarbeiter, der sich in der Regel nicht durchsetzen kann? Muss ich klare Aussagen treffen, klare Positionen einnehmen und diese dann auch vertreten?

Es geht darum, die eigenen Ziele zu erreichen, und zwar in einer Weise, in der möglichst alle einen ausgeglichenen Gewinn davon haben. Es geht darum, beide Seiten zu Gewinnern zu machen.

In vielen Fällen geht es in der Zielsetzung des Gegenübers mehr um weiche Faktoren, wie beispielsweise Anerkennung oder die Wahrung des Status', als um harte Faktoren, wie beispielsweise Geld und materiellen Verhandlungserfolg. In vielen Auseinandersetzungen geht es mehr um die Wahrung der Machtverhältnisse als um die inhaltliche Seite.

Werden Sie sich über die impliziten Ziele, die Nebenziele und die Nebenschauplätze der anderen Seite bewusst, und beziehen Sie diese in Ihre Strategie mit ein.

Wie kann ich meine Rolle verändern?

Eines der besten und einfachsten Mittel in der Kommunikation, sich selbst und seiner Rolle innerhalb eines sozialen Umfelds bewusst zu werden, ist, sich aktiv Feedback bei anderen zu holen. Wie könnten wir reflektieren und – wenn nötig – unser Verhalten anpassen, wenn wir nicht zuvor in den Spiegel schauen und uns und unser Verhalten erkennen? Die Art und Weise, wie wir kommunizieren, die Inhalte, die wir von uns geben, prägen unser Image. Offenheit für konstruktive Kritik und der Wille, an seiner eigenen Rolle zu arbeiten, tun ihr Übriges.

Feedback ermöglicht Selbstreflexion.

Ein weiterer Schritt ist natürlich, für sich selbst zu klären, welche Rolle man einnehmen möchte, um aus dieser Erkenntnis heraus die Verhaltensweisen und die Kommunikation entsprechend auszurichten.

„Es gibt lediglich vier Möglichkeiten des Kontakts mit unserer Umwelt.
Man schätzt uns danach ein, wie wir diese vier Kontaktmöglichkeiten
nutzen: was wir tun, wie wir aussehen, was wir sagen und wie wir es
sagen."

Dale Carnegie

Regeln festlegen

Viele Konflikte am Arbeitsplatz, aber auch in der Familie
entstehen durch unterschiedliche Auffassungen zu einem bestimmten Thema. Zwei Kollegen im Büro, oder Vater und
Sohn, streiten sich, ob die Aufgabenverteilung verändert
wird oder nicht. (Wer kocht am Morgen den Kaffee für alle?
– Wer trägt den Müll runter? – Wer darf seine Sachen rum-
liegen lassen? – Wer bestimmt das abendliche Fernsehpro-
gramm? – etc.) Wie vorgehen? Nun, ungeachtet der inhaltlichen Klärung halten wir es für wichtig, den richtigen Rahmen, die richtigen Randbedingungen für ein solches Gespräch zu schaffen. Neben beispielsweise der Wahl der richtigen Örtlichkeit (nicht vor unbeteiligten Dritten streiten) ist
es genauso wichtig, Regeln zu vereinbaren. Ist zum Beispiel
der eine der Kollegen sehr dominant, lässt den anderen selten aussprechen, drängt sich in den Vordergrund, dann ist
ein vernünftiges Gespräch fast nicht möglich. Deshalb: Vereinbaren Sie Regeln, vereinbaren Sie Vorgehensweisen, wie
das Gespräch ablaufen soll („Lass uns gegenseitig aussprechen – Zuerst würde ich gerne alle Dinge sammeln, die Dir
nicht gefallen – es ist mir wichtig, dass das Gespräch nicht
emotional wird – …"), bevor Sie in die inhaltliche Diskussion einsteigen. Ist der Rahmen geklärt, können Sie Ihre gesamte Energie auf Ihr inhaltliches Anliegen richten. Über-
tritt einer der Gesprächspartner den Rahmen, ist es sinnvoll,
möglichst direkt den Gesprächsprozess auf der Metaebene
zu thematisieren, um die Störung zu beseitigen (Du Arsch
hast Dich nicht an die Regeln gehalten). Anmerkung der Re-
daktion: Uppps, hoppla: Absturz in die Fäkaliensprache!

> *Regeln schaffen einen Rahmen.*
> *Nutzen Sie Ihren Gestaltungsspielraum!*

Regeln veränderbar halten

Regeln zu definieren und anzuerkennen ist wichtig, würden wir doch sonst an jedem neuen Tag unser Zusammenleben in der Gesellschaft neu ordnen müssen. Regeln schaffen einen Rahmen, innerhalb dessen beispielsweise ein Gespräch, eine Verhandlung ablaufen kann. Sollten Sie jedoch feststellen, dass das Gespräch unter diesen Rahmenbedingungen nicht zum Ziel führt, so scheuen Sie sich nicht, neue Regeln zu erfinden, vorzuschlagen und zu diskutieren. Natürlich ist Konsens über die Veränderungen nötig, um das Gespräch letztendlich zum erwünschten Erfolg führen zu können.

> *Gestaltung der Rahmenbedingungen ist wichtig –*
> *Flexibilität ebenso!*

Einstimmung

Die Wichtigkeit der Vorbereitung auf ein jedes Gespräch und insbesondere auf ein wichtiges Gespräch wird unserer Meinung nach oftmals unterschätzt. In unserem beruflichen Umfeld erleben wir oft, dass Menschen sich lieber in Nebensächlichkeiten verlieren, als sich auf ein wichtiges Gespräch vorzubereiten. Die Beschäftigung mit C-Prioritäten gibt ihnen das Gefühl, produktiv zu sein, als fleißig zu gelten. Meine Devise ist: Um mich auf ein wichtiges Gespräch vorzubereiten, nehme ich mir mindestens vier Stunden Zeit. Innerhalb dieser vier Stunden wirke ich von außen gesehen wahrscheinlich untätig, wenn ich rauchend und Kaffee trinkend an meinem Schreibtisch sitze. Manchmal stehe ich auch in der Raucherecke und unterhalte mich mit Kollegen, tue also offensichtlich nichts Produktives. Dennoch: Genau in der (scheinbaren) Untätigkeit liegt der Schlüssel, mit dem die gedankliche Einstimmung auf die Gesprächssituation, eine Einstimmung auf die Gesprächspartner und die Kristallisation der Kernpunkte gelingen kann. In dieser Art der Vorbereitung kann ich mögliche Problemsituationen und Überraschungen abwägen und mich auf die Art und Weise einstimmen, wie ich die Thematik auf den Punkt bringe.

Wissen

Ein Teil der Vorbereitung auf das Gespräch ist die Sammlung aller Daten und Fakten, die für das Gespräch relevant sind. Wissen ist Macht. Die Sammlung der Daten ist der erste Schritt, der zweite ist die richtige Aufbereitung. Die Aufbereitung – ob gedanklich, grafisch oder schriftlich – sollte die Inhalte auf den Punkt bringen und die Argumentationskette knüpfen. Sonst besteht die Gefahr, sich in Details zu verlieren und die wichtigsten Punkte zu vergessen. Denn: Die gute Vorbereitung ist mehr als 50 Prozent des Erfolgs.

Ein amerikanischer Rechtsanwalt wurde von einem Journalisten gefragt, was sein Erfolgsgeheimnis sei und wie er es anstelle, jeden Prozess zu gewinnen und der Beste zu sein. Darauf der Rechtsanwalt: „Ich bin nicht der Beste, ich bereite mich lediglich am besten vor". Im Berufsleben wie in vielen privaten Situationen gilt:

> *Die Entscheidung über Sieg oder Niederlage wird in der Vorbereitung getroffen.*

Wertesystem

Aus Werten resultieren Normen, Prinzipien und Standards, nach denen Sie leben. Diese Werte bestimmen, wie Sie sich in die Gesellschaft einbringen, wie Sie sich anderen Menschen gegenüber verhalten. Im geschäftlichen Umfeld ist die

Auseinandersetzung mit dem eigenen Wertesystem und den daraus resultierenden Prinzipien häufig anzutreffen (zumindest auf den Hochglanzbroschüren und Internetseiten, die die Corporate Identity widerspiegeln). Haben Sie sich schon einmal differenziert – zusammen mit Ihrem Partner oder Ihrer Familie – darüber Gedanken gemacht, was Ihr Wertesystem ausmacht?

Die Werte, die Sie verinnerlicht haben, prägen Ihre Kommunikation, sie prägen die Art und Weise, wie Sie anderen Menschen gegenüber auftreten, wie Sie sie behandeln, wie Sie mit ihnen verhandeln, wie Sie mit ihnen sprechen.

Ihre Werte beeinflussen Ihre Sprache: was Sie sagen, wie Sie es sagen, wem Sie was sagen.

Wertermittlung des Gesprächsgegenstandes

Der Wert einer Sache oder einer Leistung kann für verschiedene Menschen ganz unterschiedlich sein. So können Sie von jemandem etwas erhalten, das einen großen Wert für Sie darstellen mag, den anderen jedoch nur wenig „kostet". Ich plagte mich zum Beispiel stets mit meiner Bügelwäsche herum und schob diese Arbeit möglichst lange vor mir her. Für mich ist Bügelzeit eigentlich verlorene Zeit. Meine Schwester hingegen liebt es, beim Fernsehen zu bügeln. Sie verbindet beide Tätigkeiten, und es macht ihr Spaß, zwei Dinge gleichzeitig zu tun. – Was lag näher, als ihr mit meinen ungebügelten Hemden eine regelmäßige Freude zu machen?! Ich bin nun furchtbar erleichtert, diese für mich so schwerfällige und zeitraubende Arbeit nicht mehr erledigen zu müssen, während meine Schwester gar nicht recht einzuschätzen weiß, wie wertvoll mir ihre Bügelhilfe ist. (Jetzt muss ich nur noch den Menschen finden, der auch gerne putzt, einen, der gerne Auto wäscht, einen, der gerne kocht, einen, der gerne spült und einen, der gerne Schuhe putzt.) Geht es um die Zielerreichung innerhalb eines Gespräches, so ist es wichtig, diese Tatsache zu berücksichtigen. Es macht sehr viel Sinn herauszufinden, was mein Gegenüber gerne gibt und was weniger gerne, was ihn wenig und was ihn viel kosten würde. Dies sollte Teil jeder Vorbereitung auf ein wichtiges Gespräch sein. Doch nicht nur in der Vorbereitung, auch während des Gesprächs ist es sinnvoll, diese Punkte gemeinsam zu erarbeiten. War die Gesprächs- und Verhandlungskultur der Vergangenheit noch stark geprägt durch Abgrenzung und das Zurückhalten von Informationen, so ist sie heute mehr und mehr davon geprägt, den gemeinsamen Nutzen zu eruieren.

Was ist das Interesse des Gegenübers?

Ebenso verhält es sich mit dem Interesse ihres Gegenübers. Beschäftigen Sie sich deshalb vor dem Gespräch mit den Interessen des anderen: Was könnten gemeinsame Interessen sein, welche Interessen sind unterschiedlich und stimmen nicht überein? Wie können Sie mit den unterschiedlichen Interessen umgehen, welche möglichen Lösungsansätze könnte es hierfür geben, wo könnten Sie nachgeben, wo möchten Sie auf keinen Fall nachgeben? Gibt es Alternativen zur Befriedigung der Interessen des anderen?

Mit all diesen Fragen sollten Sie sich beschäftigt haben, bevor Sie in ein wichtiges Gespräch gehen. Sind Sie im Gespräch, so ist es auch in punkto Interessen wichtig, Kreativität an den Tag zu legen, wenn es um die Lösung von Differenzen, die Annäherung an Lösungsmöglichkeiten geht. Das beste Mittel: Fragen, Fragen, Fragen.

Oftmals weiß der andere, welche Alternativen in Frage kommen könnten. Um dies noch deutlicher herauszuarbeiten, können Sie offene Fragen stellen, oder gegebenenfalls ein gemeinsames Brainstorming durchführen. Sollte die gegenseitige Annäherung in die Sackgasse geraten, so ist es wichtig, das Positive, die gemeinsamen Interessen oder das, über was Sie schon Einigung erzielt haben, in den Vordergrund zu stellen.

Es geht darum, gemeinsam ein Ziel (oder vielleicht auch verschiedene Ziele) zu erreichen. Unterstreichen Sie deshalb die gemeinsamen Interessen und die Punkte, über die Sie sich einig sind.

Vermeiden Sie möglichst, die Punkte zu betonen, in denen Sie sich noch nicht einig sind. Das ist insbesondere wichtig, wenn das Gespräch über mehrere Phasen verläuft.

2. Veränderung gestalten: Sprache als Werkzeug

Erfolg ist relativ

Kann ein Gespräch erfolgreich sein, wenn der andere dabei verliert? Natürlich, Sie können durchaus Ihre Ziele erfolgreich in einem einzelnen Gespräch, in einer einzelnen Verhandlung durchsetzen. Das Problem: Sollte dieser Erfolg auf Kosten der anderen Person gehen, so ist ein nachhaltiger Erfolg, der insbesondere auch eine langfristige, intakte Beziehung berücksichtigt, unwahrscheinlich. Es geht innerhalb eines funktionierenden sozialen Systems immer auch darum, den anderen ebenfalls zum Gewinner der Situation zu machen. Es geht durchaus um die Durchsetzung der eigenen Ziele, doch ebenso geht es um die Verfolgung der übergeordneten Ziele.

Behalten Sie immer auch den Erfolg Ihres Gegenübers im Auge.

Klarheit ist die Grundlage für Verständnis

„Die Fähigkeit, sich klar auszudrücken, ist die Voraussetzung dafür,
andere zu beeinflussen."

Dale Carnegie

In unseren Rhetoriktrainings sehen wir immer wieder, wie
hilfreich es ist, einfache, kurze und klare Strukturen zu ver-
wenden, um Gesagtes klar und deutlich – und somit über-
zeugend – zu vermitteln. Wir verwenden dabei gerne das
Bild, ein Vortrag sei wie der Spaziergang auf einer riesigen
Landkarte. Nur wenn Sie sich die wichtigen Eckpunkte
(Städte und Richtung) einprägen, können Sie sicher sein, am
Ziel anzukommen, ohne sich zu verfahren. Ebenso wichtig
ist es, in Gesprächen einen Leitfaden für das zu haben, was
Sie sagen möchten.

> *Sortieren Sie Ihre Gedanken, bevor Sie sie aussprechen.*

Verschließen Sie niemals die Tür

Es gibt Fälle, in denen keine Lösung in Sicht ist, die Situation scheint verfahren, eine Rettung unmöglich. Wie können
Sie sich in solchen Gesprächssituationen verhalten? Die Tür
zuschlagen, die Verantwortung für den Misserfolg auf den
anderen schieben, das Scheitern betonen oder gar bestätigen, dass es keine Lösung gibt?

> *Wann immer ein Gespräch schief läuft, auch Sie selbst*
> *haben meist einen Anteil daran. Behalten Sie immer auch*
> *Ihre eigene Verantwortung im Hinterkopf.*

Manchmal verlaufen wichtige Gespräche in mehreren Phasen, in manchen Fällen gibt es die Lösung nicht gleich nach
dem ersten Gespräch. Gute Beispiele sind Tarifverhandlun-

gen oder politische Verhandlungen. Betonen Sie, dass *im Moment* eine Lösung schwierig erscheint, dass Sie aber Interesse daran haben, zu einem späteren Zeitpunkt weiter danach zu suchen. Äußern Sie, dass Sie über diese Situation nicht glücklich sind. Falls es erste kleine Schritte in die richtige Richtung gab, führen Sie diese an, bevor das Gespräch beendet ist.

> *Lassen Sie die Möglichkeit zur Lösung immer offen –*
> *auch verbal.*

Bestätigung des anderen

Nein, das sehe ich anders.
Du hast Unrecht!
Du siehst das ganz falsch.

Derlei Aussagen führen zur Abgrenzung vom Gegenüber und zur Entwertung seiner gerade getroffenen Aussage. Im Grunde genommen geht es erst einmal darum zu akzeptieren, dass andere Menschen andere Meinungen haben, andere Sichtweisen (a different point of view), und dass sie die Dinge in der Regel anders erleben als wir selbst.

Kraft geben wir unseren Worten auch dadurch, dass wir den anderen und seine Meinung akzeptieren. In der Wortwahl könnte dies beispielsweise so aussehen:

O.k., ich sehe den Punkt, möchte jedoch ergänzen …
Ich versuche, deine Sichtweise nachzuvollziehen und zu verstehen. Aus meiner Sicht …
Das ist ein sehr guter Punkt. Lass ihn uns doch mal von einer anderen Seite aus betrachten:
Danke für diese Ergänzung, darauf können wir gut aufbauen.
Im Grundsatz stimme ich mit dir überein …
Es freut mich, dass du das so auf den Punkt gebracht hast …

Jeder Mensch strebt mehr oder weniger danach, anerkannt und bestätigt zu werden. Bestätigen und akzeptieren Sie die andere Meinung Ihres Gegenübers.

Haben wir schon unsere Tabletten genommen?

Ich hatte mir vorgenommen, mir innerhalb der nächsten Monate eine neue Wohnung zu suchen, mich neu einzurichten und mir es ein wenig behaglicher zu machen. Als ich einen meiner Freunde besuchte und dies beiläufig erwähnte, hatte er mich in diesem Ziel bestärkt. Er sagte: „Toll, das finde ich gut", und er sagte weiter: „Da werden wir schon etwas Geeignetes für dich finden." Gleich fühlte ich mich bestätigt und unterstützt, nicht mehr alleine mit dem doch ziemlich großen Vorhaben.

Was war geschehen? Mein Freund hatte sich mit mir in diesem Punkt solidarisiert, hatte mich bestärkt und mir zu verstehen gegeben (durch: „da werden wir …"), dass er mich in meinem Vorhaben unterstützen wird.

- Wir schaffen das schon!

- Was glaubt ihr, wie wir das lösen können ...?

- In diesen Punkten sind wir uns doch schon einig ...

- Zusammen schaffen wir das besser ...

- Wir haben doch schon erkannt, dass ...

Solidarität gibt Kraft, schafft und festigt Verbindungen und verhilft zum gemeinsamen Blick nach vorne.

Wie Sie auf die Meinung anderer Einfluss nehmen

Um andere Menschen in ihrer Meinung zu beeinflussen, bedarf es oft eines sehr langen Prozesses. Erinnern Sie sich noch daran, wie lange es beispielsweise gedauert hat, bis die Mülltrennung salonfähig wurde? Ich erinnere mich noch gut an den riesigen Müllplatz vor den Toren meines Heimatortes, auf dem Müll ungetrennt und unsortiert abgeladen wurde und sich kein Mensch über mögliche Gefahren oder gar Recycling Gedanken machte. In einem Duden aus dem Jahre 1900 hätte es das Wort Umweltschutz oder Müllvermeidung wahrscheinlich noch nicht gegeben.

Meinungen und vor allem die öffentliche Meinung verändern sich über die Zeit hinweg, Meinungen müssen sich bilden, was impliziert, dass dies immer auch eine Funktion der Zeit ist. Doch eben nicht nur! Die Frage ist: Wie kann ich die Sprache nutzen um Meinungen zu ändern, um Einfluss zu nehmen? Eine Antwort ist:

Säen Sie Ihre Gedanken!

Die Ernte ist von der Saatmenge, der Verbreitung und dem Boden, auf dem Sie säen, abhängig. Übertragen auf die

Sprache und die Einflussnahme auf Meinungen heißt dies:
Diskutieren Sie Ihre Gedanken mit möglichst vielen ver-
schiedenen Menschen, beobachten Sie, was Ihre Gedanken
bei anderen auslösen, insbesondere auch über eine gewisse
Zeit hinweg. Achten Sie auf Einwände und nutzen Sie diese,
um Ihre Argumentationskette zu verfeinern.

Säen Sie gezielt und weit gestreut!

Meinungen zu ändern heißt Löcher in vorhandene Denk-
muster zu reißen, heißt dem Gegenüber und sich selbst zu
neuen Sichtweisen zu verhelfen.

Die Mauer, auf der die Argumentation steht

Je stärker die Untermauerung der Argumentation, desto höher die Wahrscheinlichkeit, dass das Gesagte seine Wirkung
hinterlässt. Da wir jedoch wissen, dass sich Meinungen erst
oder meist erst im Zeitverlauf verändern, ist es in manchen
Fällen wichtig, nicht sofort sämtliche Argumente auf den
Tisch zu legen.

Vor vielen Jahren beschloss ich zusammen mit meiner
Freundin, das Rauchen aufzugeben. Ein toller Erfolg, der bei
mir allerdings nur sechs Jahre anhielt. Ein Kurzurlaub am
Comer See hatte mich wieder schwach werden lassen. Nach
und nach rauchte ich immer mehr, ein Fakt, über den meine Freundin nicht sonderlich erfreut war. So gerieten wir
häufig in Streit, ihre Argumentation war klar, und sie konnte sie auch durch viele Fakten belegen – Rauchen macht
krank, verursacht Krebs, kostet viel Geld usw. – Dennoch:
Ihre Argumentation war nicht so nachhaltig, dass sie mich
dazu veranlasst hätte, das Rauchen wieder aufzugeben. Immer wieder war mein Rauchen Thema unserer Auseinandersetzungen. Dann das Erwachen: Eines Abends kam ich
nach Hause und fand einen Brief von ihr vor. Sie argumen-
tierte in diesem Brief auf eine völlig neue Art und Weise, die

dazu führte, dass ich das Rauchen von diesem Abend an wieder aufgab. Sie hatte meine Verantwortung für die Beziehung thematisiert, die ich natürlich durch den Fakt des Rauchens in mehrfacher Hinsicht vernachlässigte. Die Funktionalität, die sie genutzt hatte, war die, ihre Argumentation mit unseren gemeinsamen Werten zu verbinden.

> *Untermauern Sie Gesagtes durch überzeugende Verbindungen.*

Einfluss nehmen auf die Motivation

Der Grund, weshalb Menschen etwas tun, etwas sagen, wie sie es tun, wie sie es sagen, liegt unter anderem in ihren Motiven. Motivation ist heute ein Thema, das im Wirtschaftsleben zentrale Bedeutung einnimmt. Die Frage stellt sich immer wieder: Wie motiviere ich meine Mitarbeiter zu Höchstleistungen, sodass sie den bestmöglichen Beitrag für die Firma leisten? Werkzeuge und Mittel zur Motivation sind in der Regel Gehaltserhöhungen, Mitarbeitergespräche und Bewertungen, Feiern, Veranstaltungen, Incentives usw. Wir möchten andere Menschen also beeinflussen, wir möchten sie dazu veranlassen, etwas zu tun oder etwas zu lassen, sich in einer bestimmten Weise zu verhalten usw. Viele Bücher wurden schon über das Thema Motivation geschrieben. Wir möchten hierbei nur einige Aspekte der Sprache betrachten und uns fragen, welche Worte, Sätze und welche Art und Weise der Kommunikation Einfluss auf die Motivation nehmen. Dabei gibt es beide Fälle: Kommunikation, die Motivation untergräbt, und Kommunikation, die sie fördert.

Stellen Sie sich den Fall vor, in dem eine Mitarbeiterin Ihnen jeden Tag einen Bericht anfertigen muss, von dessen Sinnhaftigkeit sie absolut nicht überzeugt ist. Denken Sie, sie wird dies mit großer Motivation tun? Wie könnten Sie Ihre Mitarbeiterin besser motivieren? Durch Aufklärung über die Hintergründe! Versetzen Sie sie in die Lage, den Sinn dieser Aufgabe zu verstehen.

Kürzlich sah ich einen Dokumentarbericht über ein Kloster in Japan, in dem die dort lebenden Mönche regelmäßig den Wald fegen. Eine Fernsehjournalistin besuchte mit ihrem Kamerateam dieses Kloster und durfte nur unter der Bedingung bleiben, dass sie sich vollkommen in das Tagesgeschehen einreihten, die Rituale mitfeierten und so lebten wie diese Mönche. Das bedeutete, dass auch die Filmemacherin den Wald fegen musste. Sie konnte zunächst den Sinn dieser Aktion nicht nachvollziehen, fügte sich aber der Abmachung. Nach einiger Zeit verstand sie mehr von der Lebensphilosophie der Mönche und konnte somit auch das Waldfegen – an sich ein vollkommen sinnloses Unterfangen – als einen Akt der Selbstreinigung der Seele verstehen und schätzen.

Was sagt uns dies jedoch für die Kommunikation, für die Wahl unserer Worte und Sätze? Wie auch schon im Kapitel „Grenzen und Möglichkeiten der Kommunikation" beschrieben ist es wichtig, Dinge in einem größeren Zusammenhang zu erkennen, die übergeordnete Motivation zu erfassen und somit Gesamtzusammenhänge zu verstehen.

Für unsere Sprache heißt es auch hierbei wieder, verstehen zu wollen. Es gilt, Motivationen zu hinterfragen, um sie erkennen zu können.

Versuchen Sie, Dinge in übergeordneten Zusammenhängen zu erfassen. Ihre Sprache, Ihre Argumentation können Sie nur dann wirkungsvoll ausrichten, wenn Sie vorhandene Motivationen erkennen.

3. Wer viel weiß, darf nicht fragen ...

Es ist ein Irrglaube, dass wir Menschen wirklich
etwas erreichen können, indem wir ständig reden.

Wer viel weiß, hat viel gefragt!

Was würde geschehen, wenn wir keine Fragen stellen würden? Wie sähe unsere Welt aus, wenn viele Sachverhalte nicht hinterfragt worden wären? Wo stünde die Menschheit heute, hätte es nicht immer Menschen gegeben, die immer noch hinzulernen wollten und somit uns allen neue Sichtweisen eröffnet haben? Nun, wahrscheinlich würden wir immer noch glauben, die Welt sei eine Scheibe, wir würden immer noch (wie Aristoteles meinte) glauben, die Frau sei im Grunde genommen ein unvollständiger Mann – um nur zwei bedeutende Beispiele der Menschheitsgeschichte zu nennen. Die Philosophie, die Lehre vom Wissen, von den Ursprüngen und den Zusammenhängen der Dinge, des Seins und des Denkens würde nicht bestehen, würden wir nicht fragen und hinterfragen. Fragen ist die wichtigste Antriebsfeder der Veränderung und des Wachstums.

> *Fragen ist die Kraft der Veränderung.*

Nichtwissen – die wichtigste „Fähigkeit" eines guten Beraters

Diese Geschichte erzählt von einem amerikanischen Unternehmer. Er hatte seine eigene Firma aufgebaut, die er seit Jahren erfolgreich leitete. Wie die meisten Unternehmer spürte er aber auch die Kehrseiten des Unternehmertums – er hatte fast keinen Urlaub, fand kaum Zeit für die Familie, fühlte sich nach einiger Zeit persönlich sehr ausgelaugt. Eines Abends kam er nach Hause. Seine Frau fragte ihn wie jeden Abend: „Hi Steven, wie war dein Tag?" Und er sagte wie jeden Tag: „Es war gut". Seine Frau fragte nach: „Irgend etwas Besonderes heute?" und Steven antwortete: „Ja, ich habe meine Firma verkauft. Ich habe mich entschlossen, Berater zu werden!"

Nach dem Rausch kommt der Kater. Nach einer Entscheidung der Zweifel. Steven hatte seine Firma verkauft, um sich als Unternehmensberater selbstständig zu machen und sein Wissen anderen Firmen zur Verfügung zu stellen. Aber: Welche Kenntnisse sollte er nun weitergeben? Welches neue Wissen musste er sich aneignen, um ein guter Berater zu werden? Er gewann den Eindruck, inhaltlich noch viel dazulernen zu müssen, bevor er seinen ersten Kunden würde beraten können.

Steven suchte sich einen Mentor und Coach, der ihn bei seinem Schritt in die Beratertätigkeit begleiten und unterstützen sollte. Und er sollte recht behalten. Er hatte wirklich noch einiges zu lernen, jedoch nicht noch mehr betriebswirtschaftliche Informationen und ökonomischen Kniffe, wie er anfangs gedacht hatte. Sein Mentor wies ihn auf die immense Bedeutung von effektiven Fragetechniken hin. Steven wurde klar, dass er als Berater vor allem die Fähigkeit brauchte, die richtigen Fragen zu stellen! Denn die richtigen Fragen zu einem Problem sind der beste Weg, um scheinbar komplexe Zusammenhänge auf den Punkt zu bringen. Meist ergeben sich dann die Antworten wie von selbst.

> *Mit Wissen beschränken wir uns,*
> *mit Fragen öffnen wir uns.*

Fragen, um zu entdecken

Wenn Sie mit Freunden, Bekannten, Nachbarn oder mit Ihrer Familie zusammen sind, über was sprechen Sie mit ihnen, was stellen Sie in den Vordergrund? Geht es um Haben oder Sein, um Status oder Veränderung? Sicherlich können wir uns nicht immer mit den schwerwiegenden Fragen des Lebens auseinandersetzen. Auch Small Talk, lockeres Geplaudere oder die ganz alltäglichen Problemchen haben ihre Berechtigung. Trotzdem können Sie Ihrem Gegenüber echtes Interesse an seiner Person, an seinen Themen im Grunde nur vermitteln, wenn Sie ihm Fragen dazu stellen. Denn Fragen signalisieren, dass Sie noch mehr wissen möchten, dass Sie noch besser verstehen wollen, was Ihr Gesprächspartner sagt. Gerade in beruflichen Gesprächen verkneifen wir uns oft genaues Nachfragen, um uns nicht die – vermeintliche – Blöße zu geben, nicht auf demselben Wissensstand zu sein.

Die meisten von uns haben im Laufe unseres Entwicklungsprozesses – vom fragenden Kind zum wissenden Erwachsenen – die natürliche Gabe des Staunens, des Sich-Wunderns verloren. Viele Eltern von Kleinkindern empfinden es deshalb als Geschenk, zusammen mit ihren Kindern unsere Welt aus der kindlichen Perspektive sozusagen noch einmal ganz neu zu entdecken. Im Staunen über Dinge, die uns Erwachsenen allzu selbstverständlich geworden sind, können wir uns noch einmal „wie ein kleines Kind" über die Wunder unserer Erde freuen. Und Kinder entdecken ihre Umwelt, indem sie den Erwachsenen die sprichwörtlichen Löcher in den Bauch fragen. Viele Erwachsene sind durch die „Warum-weshalb-wieso-Zeit" ihrer Kinder genervt, anstatt sie als eine faszinierende natürliche Gabe jedes Menschen wahrzunehmen. Ein fragender Mensch wird immer ein offener, lernbereiter Mensch sein, der sich durch diese Haltung viele Zusammenhänge erschließen kann – und deshalb letztendlich auch anderen mit seinen Fragen „auf die Sprünge" hilft. Und genau dieses Ziel verfolgt im Grunde ein Berater – sei es in einem therapeutischen Gespräch beim Eheberater oder in Begleitung betriebswirtschaftlicher Entscheidungsprozesse. Auf der anderen Seite gehört für beide Seiten auch die Bereitschaft dazu, gewohnte Verhaltensmuster in der Partnerschaft bzw. die bisherige Unternehmensführung in Frage stellen zu lassen. Nur dann können die Fragen des Beraters auf fruchtbaren Boden fallen.

Jemand, der fragt, hat aber nicht nur eine wesentliche Methode der Beratung erlernt. Wer fragt, der legt auch die Grundlage für das Lernen und für neue Entdeckungen. Nur wer versucht, neue Sichtweisen zu gewinnen, wird Veränderung erfahren, wird wachsen und die Natürlichkeit des Fragens neu entdecken. Denn Fragen ist wie eine Entdeckungsreise in ein unbekanntes Land, oder: Was glauben Sie, weshalb Gott den Menschen zwei Ohren, aber nur einen Mund gegeben hat?

> *Columbus, Magellan und Vasco da Gama sind die Star-Berater vergangener Zeit: Sie spürten den Trieb und hatten den Mut, Altes zu hinterfragen, um Neues zu entdecken.*

Auszug aus dem Trainer-Presse-Spiegel:

Ein Mensch in einer neuen Stadt fragt:
„Wo geht's denn hier zum Bahnhof?"
Es antworten ihm ...

Ein Gesprächstherapeut:
„Sie möchten wissen, wo der Bahnhof ist?"

Ein Psychoanalytiker:
„Sie meinen diese dunkle Höhle, wo immer was Langes
rein- und rausfährt?"

Ein Verhaltenstherapeut:
„Heben Sie den rechten Fuß. Schieben Sie ihn nach vorn.
Setzen Sie ihn auf. Sehr gut. Hier haben Sie ein Bonbon."

Ein Gestalttherapeut:
„Du, laß es voll zu, daß Du zum Bahnhof willst."

Ein Hypnotherapeut:
„Schließen Sie die Augen. Entspannen Sie sich. Fragen
Sie Ihr Unterbewusstsein, ob es Ihnen bei der Suche be-
hilflich sein will."

Ein Provokativ-Therapeut:
„Ich wette, da werden Sie nie drauf kommen!"

Ein Reinkarnations-Therapeut:
„Geh zurück in die Zeit – bis vor Deiner Geburt! Welches
Karma läßt Dich immer wieder auf die Hilfe anderer Leu-
te angewiesen sein?"

Ein Familientherapeut:
„Was ist Dein sekundärer Gewinn, wenn Du mich nach
dem Weg zum Bahnhof fragst? Möchtest Du meine Be-
kanntschaft machen?"

Ein Bioenergetiker:
„Machen Sie mal sch...sch...sch...!"

Ein Sozialarbeiter:
„Keine Ahnung, aber ich fahr Dich schnell hin."

Ein Esoteriker:
„Wenn Du da hin sollst, wirst Du den Weg auch finden."

Ein Soziologe:
„Bahnhof? Zugfahren? Welche Klasse?"

Ein NLP'ler:
„Stell Dir vor, Du bist schon im Bahnhof! Welche Schritte hast Du zuvor getan?"

Ein Coach:
„Wenn ich Ihnen die Lösung vorkaue, wird das Ihr Problem nicht dauerhaft beseitigen."

Ein Benchmarker:
„Kennen Sie jemanden, der ähnliche Logistikprobleme bereits erfolgreich gelöst hat? Wie läßt sich dessen Vorgehen sinnvoll auf Ihre Situation übertragen?"

Ein Moderator:
„Welche Lösungswege haben Sie schon angedacht? Schreiben Sie alles hier auf diese Kärtchen."

Ein Zeitplanexperte:
„Haben Sie überhaupt genügend Pufferzeit für meine Antwort eingeplant?"

Ein Manager:
„Fragen Sie nicht lange. Gehen Sie einfach los."

Ein Priester:
„Heiliger Antonius, gerechter Mann, hilf, dass er ihn finden kann. Amen."

Keine Frage hat nur eine Antwort.

4. Sich selbst und andere führen

„Ein Maßstab für die Führungsqualität eines Menschen
ist das Kaliber derer, die ihm Gefolge leisten."

National Equirer

Formen der Führung

Sprache ist eine der effektivsten Führungsinstrumente. Nicht nur in der formellen Führung, also einer Führung, die sich aus der Zuteilung von Führungsaufgaben ergibt, sondern auch und im Besonderen in der informellen Führung. Also überall dort, wo Sie auf das Ziel oder die Zielerreichung Einfluss nehmen wollen, ohne dafür den offiziellen Führungsauftrag zu haben.

Durch die bewusste und gezielte Kommunikation können Sie an der Führung partizipieren und damit auch Einfluss auf die Ergebnisse nehmen. Besonders im Berufsleben, aber auch im Vereinsleben oder anderen organisierten Formen der Freizeitgestaltung, kann es hilfreich sein, über Wege und Mittel zu verfügen, mit denen Sie aktiv mitgestalten können. Ganz gleich, ob Sie Sachbearbeiter, Projektmitarbeiter, Fachverantwortlicher, Abteilungsleiter oder eine Aushilfskraft sind, in jedem Einzelfall geht es darum, die Grenzen Ihrer Einflussnahme auszuschöpfen und hierbei die Sprache bestmöglich einzusetzen.

> *Ihre Aufgabenbeschreibung ist das Eine.*
> *Ihr Einflussbereich das Andere.*

Fragen führen durchs Gespräch

Leider leben wir in einer Welt ohne ausgeprägte Fragekultur. Den Kleinen, die so unerfahren wie wissensdurstig auf die Welt kommen, bleibt nichts anderes als zu fragen. Das verzeihen ihnen die Erwachsenen zu Anfang, jedoch nach höchstens drei Jahren ist die Schonfrist vorüber. Denn im Kindergartenalter sollen die Kleinen dann schon lernen und nicht mehr so viel fragen. Das insistierende „Warum, warum, warum?" hat dann bald ein Ende, empfinden die meisten Erwachsenen die ständige Fragerei doch als störend und lästig. Einmal in der Schule, haben die Kinder das Fragen meist schon verlernt, und treffen sie auf Pädagogen, die ihre eigenen Fähigkeiten in Frage gestellt sehen, wenn ihre Schüler zu oft nachfragen, ist das fraglose Leben vorgeprägt. Allerspätestens im Berufsleben erfährt der Mensch, dass von vielen Kollegen und Vorgesetzten Fragen immer noch als ein Zeichen von Nicht-Wissen, nicht von Wissen und Lernbereitschaft verstanden wird.

Dabei hat das Fragen nicht nur den Zweck, sich neues Wissen anzueignen oder Informationen abzufragen. Man kann auch

… fragen, um zu beraten;
… fragen, um auf den Kern einer Sache zu stoßen;
… fragen, um Aufmerksamkeit zu erzeugen;
… fragen, um Interesse zu bekunden;
… fragen, um in Frage zu stellen.

> *„Klug zu fragen ist schwieriger als klug zu antworten."*
>
> *Aus Persien*

In vielen Anwendungen kommt dem Fragen aber auch eine Führungseigenschaft zu, da der Fragende

- das Thema bestimmt,
- Denkrichtungen vorschlagen kann (Ist es denn nicht auch so, dass …?/Haben Sie dieselben Erfahrungen gemacht wie …?),
- durch Nachfragen den Gesprächsverlauf steuern kann (Heißt dies auch, dass …?/Was heißt dies dann für das Thema …?),
- die Kontrolle über das Gespräch behält (Wie ist denn Ihre Meinung dazu?/Können wir an dieser Stelle eine kleine Pause einlegen?).

Immer wieder ist zu beobachten, dass Mitarbeiter durch ihre Fragen führen können. Einige Beispiele sein hier genannt:

■ *Besprechung:* Fragen nach dem Ziel der Besprechung, nach dem Zeitrahmen oder Zeitlimit, nach der Agenda etc. können ein guter Aufhänger sein, um in einem Meeting auf sich aufmerksam zu machen und die Diskussion der Inhalte mitzugestalten.

■ *Gespräche mit dem Vorgesetzten:* Bei der Beurteilung der letztjährigen Leistung wird die Leistung weniger gut eingeschätzt, als der Mitarbeiter dies erwartete. Anstatt zu protestieren, ist hier fragen angesagt: verstehen warum, erfragen, was man tun muss, um auf die höchste Stufe zu kommen, in regelmäßigem Abstand fragen, ob man auf dem richtigen Weg ist, etc.

■ *Diskussionen:* Es gibt zwei Formen, wie man sich an Diskussionen beteiligen kann. Durch inhaltliche Beiträge (Position beziehen) oder durch die Koordination der Beiträge (als Moderator). Auch wenn der Moderator inhaltlich meist wenig involviert ist, um Neutralität zu wahren, gibt es für ihn legale Möglichkeiten der Einflussnahme: Fragen, die die Richtung bestimmen, Fragen, die die Methode (z. B. Brainstorming) bestimmen, Fragen nach der Meinung einer bestimmten Person, etc.

Fragetechnik als Führungstechnik

> *„Alles auf dieser Welt ist relativ. Fragen sie einmal Gänse und Truthähne nach ihrer Meinung über Weihnachten!*
>
> Peter Willfort

Love it, leave it or change it!

Unsere Zeit ist knapp. Deshalb besuchen wir Zeitmanagement-Seminare, in der Hoffnung, effektiver mit unserem Zeitbudget haushalten zu können, deshalb besuchen wir Rhetoriktrainings, in der Hoffnung, schneller ans gewünschte Ziel zu gelangen. Soweit die Theorie. In der Praxis erleben wir immer wieder, wie uneffizient unsere Ressourcen eingesetzt werden. Zeit verrinnt uns wie Sand zwischen den Fingern, Energie wird verschwendet, Geld vergeudet. Warum? Es gibt eine einfache Formel, die uns hilft, Prioritäten zu setzen: Love it, leave it or change it. Mit anderen Worten:

- Entweder wir sind mit einer Situation zufrieden (oder geben uns damit zufrieden), dann müssen wir uns nicht weiter damit beschäftigen. Die Folge: keine Kritik, keine Lästerei, keine Unwille, keine Aufregung (**love it**);
- oder die Situation ist für uns nicht akzeptabel. Dann gibt es nur noch zwei Möglichkeiten: Wir können das Unerträgliche hinter uns lassen (neue Abteilung, neuer Freund, andere Wohnung etc.). Dementsprechend ist der Aufwand heftig, hat aber ein klares Ziel: die gegebene Situation verlassen, nach einer Alternative suchen (**leave it**);
- oder wir ändern die Situation und müssen einen Weg finden, wie wir dies tun können (wenn wir dies wollen **und** können). Mit wem müssen wir wie über was reden, etc. (**change it**).

Wenn wir unsere Kommunikation an diesem Leitprinzip ausrichten, können Sie Folgendes beobachten:

- weniger Lästern
- geringere unproduktive Zeiten
- höhere Zufriedenheit
- klare Zielorientierung
- mehr Zeit für Wesentliches
- konstruktive Vorschläge
- besseres Image

Führen heißt Prioritäten setzen. Für sich und andere.

Loben

Lob ist eine angenehme und im Grunde einfache Art, mit Ihren Mitmenschen zu kommunizieren – und sie zu beeinflussen, also sie zu führen. Es gibt an jedem Kollegen, an jedem Mitarbeiter oder Familienmitglied, an nahezu jeder Person etwas Positives, das Ihnen auffallen kann, wenn Sie nur danach suchen. Lob ist ein wunderbares Mittel, um anderen Menschen Anerkennung zu schenken und sie für zukünftige Aufgaben zu motivieren. Kontinuierliches Loben ist somit auch ein Instrument einer Führungspersönlichkeit, weil es andere Menschen dazu bewegen kann, das, was sie tun, so zu erledigen, dass der Lobende zufrieden ist.

Loben Sie häufiger!

Loben aus einer formellen Rolle heraus	Loben aus einer informellen Rolle heraus
Das Ergebnis entspricht meinen Erwartungen, tolle Leistung!	Ich gratuliere zu Ihrem Erfolg!
Das merke ich mir für die Beurteilung.	Schön, einen solchen Kollegen zu haben!
Sie arbeiten sehr zuverlässig, danke!	Tolles Ergebnisse! Gute Leistung!
Ihre Arbeit gefällt mir. Gute Arbeit!	Sie als Kollege müsste man klonen. Klasse Sache!

Für den Schwaben in uns: Lob ist gratis (aber nicht umsonst).

5. Selbstgespräche

„Interessante Selbstgespräche setzen einen klugen Partner voraus."
H. G. Wells

Die Sprache als ständiger Begleiter

Hatten Sie schon einmal die Chance, ein kleines Kind beim Spielen zu beobachten? Wenn es alleine spielt und glaubt, ungestört zu sein, sind der Fantasie keine Grenzen gesetzt. Puppen verkörpern im Rollenspiel die eigene Familie, kleine Plastikmonster mimen den Krieg der Sterne, Autos jagen durchs Kinderzimmer, Bären und Hasen müssen Hausaufgaben machen. Das gesamte soziale Umfeld wird verarbeitet, lebt in der Fantasie des Kindes weiter. Es wird erlebt, wird im Gespräch mit sich selbst kommuniziert. Und wie ist dies bei Erwachsenen?

- *„Werde ich in den Klamotten gut aussehen?"*
- *„Die Präsentation geht sicher schief!"*
- *„Das bekomme ich nie rechtzeitig hin!"*
- *„Was werden meine Kollegen denken?"*
- *„Puh, gerade noch mal gut gegangen!"*
- *„Wird mich der Hund beißen?"*
- *„Heute werde ich gesund essen!"*
- *„Dieses Mal werde ich gewinnen!"*
- *„Dem werd ich's zeigen!"*

Die Sprache mit uns selbst ist ein facettenreicher Spiegel unserer Gedanken und Empfindungen. Teils laut, aber meist leise und für Dritte unhörbar, begleitet sie uns auf Schritt und Tritt. Selbstgespräche sind voller Hoffen, Wünschen, Träumen, Wollen, aber auch unser Ärger, unser Zaudern, Zögern und Zweifeln spiegeln sich in ihnen. Sie sind ein ständiger Begleiter unseres Tuns und Erlebens. Und sie sind schnell. Die Sprache mit uns selbst ist manchmal schneller, als wir jemals im Stande wären laut zu sprechen – so schnell, dass die Grenzen zwischen dem Denken und dem Reden mit uns selbst verwischen.

Sprache – Spiegel der Gedanken

Sender oder Empfänger?

Bei der Kommunikation mit sich selbst stellt sich eine entscheidende Frage: Sind wir in erster Linie Sender der Nachrichten oder Empfänger des Gesagten? Was ist uns in diesem Moment wichtiger: etwas gesagt zu haben (so wie wir uns auch Freunden mitteilen) oder etwas zu hören (so als ob uns Freunde z. B. Mut zusprechen)?

Natürlich sind wir in der Selbstkommunikation in beiden Rollen. Wenn wir mit uns sprechen – laut oder leise – so sind wir Sender und Empfänger des Gesagten gleichermaßen. Während wir die Rolle des Senders aus unserer täglichen Kommunikation recht gut kennen, ist die Rolle des Empfängers hier etwas Besonderes. Denn zum ersten Mal können wir bestimmen, was wir hören wollen oder sollen, haben also Einfluss auf das Gesagte und damit auch auf die Wirkung des Gesagten.

Nun beruht die Lehre der Kommunikation auf der Annahme, dass sich durch Sprache etwas verändern ließe. Warum sollte man sonst seine eigenen Fähigkeiten darin schulen, wenn es aussichtslos wäre, mit dieser Verbesserung auch eine andere Wirkung bei unseren Gesprächspartnern zu erzielen? Wir wissen, dass Sprache zielgerichtet eingesetzt werden kann, um den Gemützustand, die Motivation, das Wohlbefinden anderer zu beeinflussen: um Angst und Sorgen zu nehmen, um Mut zuzusprechen oder Entscheidungen voranzutreiben. Warum sollte die Sprache nicht auch diese Wirkung auf uns haben können, und warum sollte es denn nicht denkbar sein, dass dies in Selbstgesprächen geschieht?

Sprache – Motor unserer Handlungen

„Man führt nicht mehr genug Selbstgespräche heutzutage.
Man hat wohl Angst, sich selbst die Meinung zu sagen."

Jean Giraudoux (1882–1944)

Gezielte Selbstkommunikation

Haben Sie irgendwann entschieden, was Sie zu sich sagen wollen? Ob Sie sich nun motivieren oder ernüchtern wollen? Sind Sie sich Ihrer Unterhaltung mit sich selbst bewusst? Ist Ihre Sprache mit sich selbst „nur" der reflektierende Spiegel Ihrer Gedanken, oder setzen Sie diese auch bewusst ein (im Sinne eines Motors Ihrer Handlungen), um

- Ihre Gefühlslage zu verbessern?
- Mut oder Zuversicht zu gewinnen?
- Sorgen oder Angst zu besiegen?
- sich selbst zu loben oder zu tadeln?
- Entscheidungen herbeizuführen?

Auf der Suche nach dem Ursprung der Kommunikation mit uns selbst geben sich Rätsel auf. Selbstgespräche wurden uns wohl nicht beigebracht, sie sind nicht das Ergebnis eines Lernprozesses. Auch nachahmen konnten wir sie nicht, schließlich sind sie weder sichtbar noch hörbar. Sind sie deshalb angeboren? Wohl nicht, denn das Neugeborene kann weder laut noch leise sprechen. Wo und wie entsteht also die Kommunikation mit uns selbst, wie wird sie geprägt, und wie können wir sie verändern?

Es spricht vieles dafür, dass Selbstgespräche zu einem großen Teil geprägt werden durch unsere individuell erlebte Vergangenheit, durch unsere Gedanken- und Gefühlswelt, die wir in unserer Sozialisation durchlaufen haben. So kann es sein, dass prägende Einzelereignisse aus der Vergangenheit noch lange unsere Gedanken und unsere (Selbst-)Kommunikation prägen. Wurde uns beispielsweise in der Kindheit regelmäßig vermittelt, dass wir faul und dumm und deshalb unfähig wären, einen Schulabschluss zu bestehen, so ist es wahrscheinlich, dass dies nachhaltigen Einfluss auf die Selbsteinschätzung im späteren Leben hat. Solche Prägungen durch die Sozialisation können noch lange und nachhaltig die Selbsteinschätzung und damit die Sprache mit uns selbst beeinflussen. Und was für eine Wirkung geht von ihnen aus? Heute wie damals sind sie demotivierend, ernüchternd und entmutigend. Fähigkeiten werden gelähmt, bevor sie getestet werden können; jede Initiative wird gebremst, weil sie scheinbar ohnehin keine Chance hat.

Selbstkommunikation ist ein Bindeglied zwischen Gedanken und Taten. Sie vermittelt, korrigiert, fördert und verhindert, gleicht aus oder beschleunigt. Sie ist das Produkt einer unbewussten Werte- und Normenwelt und vermittelt diese kommentierend wie korrigierend bezüglich unseres täglichen Tuns. Sie kann aber auch als ein Instrument unserer Willenskraft verstanden werden, das uns hilft – im Rahmen eines bewussten Kommunikationsprozesses – unsere Ziele besser zu erreichen, indem es unserem Tun und Denken einen bewussten Dispositionsrahmen zur Verfügung stellt.

> *Sprache als Mittel, eigene Gedanken und eigenes Handeln zu beeinflussen*

Ein Dispositionsrahmen für Ihr Denken und Handeln

Wie können wir von unserer meist unbewussten Selbstkommunikation hinkommen zu einer Sprache, die als Hilfsmittel für uns und unsere Ziele taugt? Wie kann Selbstkommunikation gestaltet werden?

Nun, die Gestaltung der Selbstkommunikation geschieht nicht im luftleeren Raum. Wenn wir festgestellt haben, dass viele unserer Gedanken dadurch geprägt sind, was unsere

Persönlichkeitsstruktur (Werte, Normen, Grundeinstellung usw.) – im Sinne eines ständigen Reflektors von uns und unserer Umgebung – an uns sendet, dann ist auch klar, dass die nachhaltigste Veränderung dort ansetzen muss. Dies ist übrigens in der Gestaltung der Sprache mit anderen nicht wesentlich anders. Wenn ich zukünftig einen Bekannten nicht mehr als „faulen Nesthocker" beschimpfen möchte, weil ich merke, dass dies nicht gut ankommt, dann kann ich dies auf zwei Wegen tun: Ich ändere die Sprache oder ich überprüfe meine Einstellung gegenüber dieser Person und frage mich, warum ich zu dieser Aussage kam. Ursache oder Wirkung? Die Sprache ist in diesem Fall nur die Folge einer tieferen Ursache, die es zu beheben gilt.

- *Der erste Schritt:* Werden Sie sich über Ihre Selbstkommunikation bewusst. Beobachten Sie sich, hören Sie in sich hinein. Von was ist meine Sprache geprägt? Was sage ich zu mir? Wann spreche ich mir Mut zu („Ich will das schaffen, und ich werde das schaffen …"), wann äußere ich eher Angst („Vor mir sind schon zwanzig andere durch die Prüfung gefallen …")? Wann unterstütze ich meine Disziplin („Das muss ich heute noch erledigen!") und wann fördere ich meine Faulheit („Das reicht auch bis morgen!")? Wenn Sie Ihre Sprache kennen, können Sie entscheiden, ob Sie damit zufrieden sind oder etwas verändern wollen.
- *Der zweite Schritt* kann so aussehen, dass Sie überprüfen, ob Ihre Sprache gerechtfertigt ist bzw. so ist, wie Sie sich dies wünschen. Dabei können Ihnen folgende Fragen helfen: Wie würde ein unbeteiligter Dritter Ihre Sprache empfinden, was würde er antworten, welchen Eindruck würden Sie hinterlassen? Denn wenn es stimmt, dass unsere Gedanken (also auch unsere Selbstgespräche) einen großen Einfluss auf unsere Stimmung, auf unser Tun und Handeln haben, so sollten wir versuchen, diese zu unserem bestmöglichen Nutzen einzusetzen. Überprüfen Sie kritisch Ihre Selbstkommunikation und stellen Sie fest, welche Veränderungen angebracht sind.

■ *Der dritte und wichtigste Schritt* ist, diese Sprache zu gestalten. So sorgsam mit der Sprache umzugehen, als würden Sie mit anderen Menschen sprechen. Betrachten Sie sich selbst als einen guten Freund. Dem sagen Sie auch nicht ständig, dass er ein Versager ist, nichts auf die Reihe bringt und auch keine Chance hat, dies zu ändern … Nehmen Sie sich bewusst vor, sich in bestimmten Situationen Mut zuzusprechen (auch wenn Sie keinen empfinden) oder Zuversicht zu äußern (auch wenn diese zunächst nicht vorhanden ist). Versuchen Sie Ihre Sprache als ein Instrument einzusetzen, um Gedanken und Handeln positiv zu unterstützen.

Verantwortung für Selbstgespräche!

Keine Selbstlügen!

Wenn sich Kommunikation verändert, Ihr Denken und Tun aber nicht, so ist dies weder für Ihre Umgebung wünschenswert, noch für Sie vorteilhaft. Denn: Sie verlieren an Glaubwürdigkeit, wenn Worte und Taten zweierlei werden. Allerdings ist jeder Veränderungsprozess mit Ambivalenzen und Dissonanzen verbunden. Und vor allem: Jeder Veränderungsprozess braucht seinen ersten Schritt. Selbstkommunikation kann solch ein erster Schritt im persönlichen Entwicklungsprozess sein, weil wir die eigene Sprache besser fassen können als unsere Gedanken und leichter ändern können als unsere Taten. Hier bietet sich ein guter Einstiegspunkt, um Dinge zu verändern, die Sie verändern wollen. Ihre Gedanken und Taten dürfen aber nicht außen vor bleiben.

Es ist inzwischen eines unserer Steckenpferde der Kommunikation und in vielen Publikationen aufgegriffen: Die Menschen sind – in der Regel – im Sendemodus, das heißt, sie sprechen lieber, als dass sie zuhören. Unsere Aufforderung an dieser Stelle ist bekanntlich: Versuchen Sie es mit dem Aufnahmemodus! Im Aufnahmemodus versuchen wir

zu verstehen, zeigen damit ein viel höheres Maß an Sensibi-
lität für das gesprochene und ungesprochene Wort und eröff-
nen so eine höhere Chance auf Verständigung. Selbstgespräche bieten hierfür eine geeignete Übungsmöglichkeit. Denn
es ist die Kommunikation, die Sie in die Lage versetzt, von
sich selbst zu lernen, sich über sich selbst bewusster zu werden, den Veränderungsprozess intensiver zu gestalten. Das
Spannende an dieser Art der Kommunikation ist, dass Sie
sich praktisch zuhören, während Sie mit sich selbst sprechen.
Dadurch wird eine Dualität im Denken, eine Veränderung
der Positionen, das Lernen aus sich selbst heraus gefordert
und gefördert. Ihr Bewusstsein für sich selbst und für Ihre
Mitwelt wird vertieft. Das In-sich-Hineinhören und das akti-
ve Mit-sich-selbst-Reden fördert neue Gedanken, neue Per-
spektiven, verändert Positionen, verändert das Selbstbild.

> *Selbstgespräche als Ausgangspunkt der*
> *Persönlichkeitsentwicklung*

Die tägliche Einstimmung oder:
Wer soll es mir sonst sagen

Haben Sie sich entschlossen, an Ihren Selbstgesprächen zu
arbeiten, sie bewusst zu gestalten, dann stellt sich die Frage:
Wie soll die Kommunikation mit mir selbst aussehen, welche Botschaften soll ich mir denn senden?
Auf abstrakter Ebene ist diese Frage einfach zu beantworten:
Positiv und nach vorne gerichtet! Primär geht es darum, wie
wir uns – durch das, was wir zu uns selbst sagen – selbst kon-
ditionieren. Es gibt Tage, an denen mich mein Spiegel morgens geschmückt mit gelben Merkzetteln begrüßt. Darauf
stehen Notizen, die manchmal über Tage hängen bleiben,
manchmal auch nur Erinnerung an eine innere Einstimmung sind. Manchmal bauen sie mich auf und verhelfen mir
zu positiveren Sichtweisen. Auf diesen Merkzetteln finden
sich Sätze wie:

Heute wird ein guter Tag …
Ich werde das schaffen …
Das bekomme ich hin …
Ich bleibe souverän …
Ich werde ruhig und gelassen sein …
Ich werde sie aussprechen lassen und erst dann meine Meinung …
Heute werde ich ein guter Zuhörer sein …

In diesem Buch geht es um die Kraft der Worte, und an dieser Stelle können wir auch die neuere psychologische Richtung des Neurolinguistischen Programmierens (NLP) als Beispiel für den Einfluss von Gedanken und Sprache auf unsere Wirklichkeit zum Zeugen berufen. NLP arbeitet u. a. mit Affirmationen, das sind Zielsätze, die Verhaltensänderungen mit herbeiführen sollen. Und diese Zielsätze sollen auch als Selbstgespräche möglichst oft wiederholt werden. NLP geht so weit, zu sagen, dass das „So tun als ob"-Verhalten unser Gehirn und unseren Körper richtiggehend verführt, schon so zu denken bzw. sich zu bewegen, als wäre die gewünschte Verhaltensveränderung bereits erreicht. Ein Beispiel ist die Gewichtsreduktion mittels NLP: Im Gehirn gibt es einen so genannten Setpoint, der das Gewicht festlegt, auf das unser Körper immer wieder zustrebt, auch wenn wir gehungert und gefastet haben. Daraus erklärt sich auch der berüchtigte Jojo-Effekt, der schon viele Diäterfahrene zur Verzweiflung gebracht hat. Wenn ich nun aber den Setpoint durch neurolinguistische Programmierung verändert habe und dann immer wieder eine passende sprachliche Affirmation wiederhole, so werden sich auch mein Denken, mein Essverhalten, meine Körperbewegungen verändern, so dass ich dieses Ziel schließlich erreiche. Eine solche Affirmation könnte – für eine bis dahin 80 Kilogramm schwere Person – lauten: „Mit 65 kg bin ich gesund und schön!"

Ein weiteres Beispiel für eine manchem eher esoterisch anmutende Selbstmotivation sind Affirmationen, die uns zu innerer Ruhe, zu Frieden und Freude verhelfen sollen. Günter Griebl schreibt im Vorwort zu seinem Kartensatz „Mit Liebe im Herzen – Ein Kurs für Wunder": „Jeder Mensch denkt mindestens 50 000 Gedanken pro Tag. Aber das Unglück ist, dass so wenige von uns kreativ und konstruktiv zu ihrem Besten denken; so wenige wissen, dass Gedanken eine allmächtige Kraft sind. Deine Gedanken oder Glaubenssysteme erzeugen deine Wirklichkeit." Griebl empfiehlt, für eine wohltuende Selbstmotivation jeden Morgen eine Affirmationskarte zu ziehen oder zu wählen und sie entspannt zu verinnerlichen, sie öfters am Tag im Selbstgespräch zu wiederholen und anzuwenden. Könnte man Schaden anrichten mit einer Botschaft an sich selbst, die da lautet „Ich fühle mich geborgen", „Ich bin verantwortlich für mein Leben", „Mit Liebe im Herzen begrüße ich den heutigen Tag" oder „Geben ist in Wirklichkeit bekommen"? Wenn Sie jetzt noch daran glauben können, dass sich durch diese Art des Selbstgesprächs etwas in Ihrem Leben zum Besseren wendet, ist der Weg frei für wahre Wunder.

Besser werden

Ein weiterer Aspekt der Kommunikation mit sich selbst ist die Vorbereitung auf wichtige Anlässe, wie Reden, Präsentationen, Vorstellungsgespräche, andere wichtige Ereignisse. Musste ich, besonders in den Anfangszeiten meines Berufslebens, einen Vortrag oder eine Rede halten, so habe ich mich vor meinen Spiegel gestellt und mir diesen Vortrag selbst gehalten. Anfangs war der Spiegel das Opfer, später dann meine Frau. Wie auch immer, es hat mir stets geholfen, insbesondere natürlich, als meine Frau mich dann – im Gegensatz zum Spiegel – auch noch verbal reflektieren konnte.

Diese Vorbereitung hat mir geholfen, die richtige Reihenfolge einzuhalten, die richtigen Formulierungen zu wählen, rhetorisch gewandter zu werden, mich stärker in die Sache hineindenken zu können, und – nicht zu vergessen – auch ein Teil meiner Nervosität wurde mir damit genommen.

Heute ist das Auto ein beliebter Ort meiner Selbstgespräche. Die Themen wechseln, aber das Ziel bleibt: Die bewusste Kommunikation mit mir selbst ist ein Hilfsmittel, Gedanken zu strukturieren, neue Gedanken anzustoßen, Ziele klarer zu bestimmen und bessere Entscheidungen zu fällen, oder auch mich und mein Tun kritisch zu hinterfragen. Ich bin für eine halbe Stunden mein eigener Berater, was nicht nur mein Budget schont, sondern auf Grund meines Wissens über mich und meine Erfahrungen mit mir erstaunlich gute Ergebnisse bringt.

Üben Sie mit sich selbst. Ein gutes Selbstgespräch ist der erste Schritt zu einem guten Zwiegespräch. Verhaltensveränderungen sind die Folge von Veränderungen des Bewusstseins und der Einstellungen, nicht umgekehrt.

6. Kraftvolle Worte und Sätze des Alltags

*„Leicht finden wir Freunde, die uns helfen;
schwer verdienen wir uns jene, die unsere Hilfe brauchen."*
Antoine de Saint-Exupéry

Den Hunger stillen

Wichtige Grundbedürfnisse des Menschen sind nach den Erkenntnissen der modernen Psychologie Anerkennung, Sicherheit, Zugehörigkeit, Abgrenzung und das Bedürfnis nach Prägnanz. Menschen fühlen sich wohl, wenn ihre Bedürfnisse befriedigt werden – das ist eine Binsenweisheit, die uns schon das vor Hunger schreiende Baby in der Wiege lehrt. Ist das Baby allerdings satt und schreit weiter, dann ist schon nicht mehr so eindeutig, welches Bedürfnis nun immer noch nicht gestillt ist. Hat es Schmerzen, braucht es Nähe und Geborgenheit, ist es ihm einfach nur langweilig und hat es deshalb das Bedürfnis nach Zuwendung und Aufmerksamkeit? Man sollte meinen, wenn Kinder endlich sprechen gelernt haben, müsste die Verständigung über das jeweilige Bedürfnis wesentlich erleichtert sein. Und in der Tat, das ist es auch. Ein Kind sagt normalerweise ungeniert und laut und deutlich, ob es hungrig ist, ob es auf die Toilette muss oder ob ihm langweilig ist. Kinder sind sehr ausdauernd, wenn Erwachsene nicht schnell genug verstehen, wie wichtig es ist, ihre Bedürfnisse zu stillen.

Es bedarf schon eines gerüttelt' Maß an elterlicher Einflussnahme und Welterkenntnis seitens des Kindes, das egozentrische Wesen dazu zu erziehen, seine natürlichen Bedürfnisse nicht immer und überall in den Vordergrund zu stellen. Aber gerade deshalb wird es mit den Erwachsenen dann oft so schwer, weil sie manchmal gar nicht mehr wissen, was eigentlich ihr momentanes Bedürfnis ist … Zum Glück gibt es die Psychologie, die uns zumindest einen Grundkatalog an menschlichen Bedürfnissen zur Verfügung stellt, angefangen von existentiellen wie der Nahrungsaufnahme und der Fortpflanzung bis zu den kultivierteren nach Bildung und Gemeinschaft. Was bedeutet diese Vorrede nun in Bezug auf die Kommunikation, auf den Wunsch, unseren Worten Kraft zu verleihen?

Wir wollen andere Menschen mit unserer Sprache erreichen – auch das ist ein Bedürfnis! Die Frage, die sich hieraus ergibt, ist: Welche Signalwörter und Signalsätze gibt es, die diesen oben genannten Grundbedürfnissen gerecht werden und sie befriedigen können (soweit das allein mit Worten möglich ist)?

„Deine Sprache zeigt, was Du heute bist,
und sie bestimmt, was Du morgen sein wirst."

Raymund Hull

Der Name des anderen

Aus der Psychologie – und aus eigener Erfahrung – wissen wir, wie wichtig es für Menschen ist, bei ihrem Namen genannt zu werden. Jeder von uns (es sei denn, er ist noch Schüler) hat das angenehme Gefühl von Anerkennung und Wertschätzung schon erlebt, wenn sich andere Menschen schnell unseren Namen merken konnten.

Peinlich, peinlich, wenn ich mich daran erinnere, wie oft ich schon Namen von Kollegen oder Bekannten vergessen habe, ihnen begegnete und um Ausflüchte kämpfte, nur um nicht ihren Namen nennen zu müssen. Um diesen peinlichen Situationen nicht länger ausgesetzt zu sein, fragte ich nach, was sich gegen diese Gedächtnisschwäche tun ließe. Eine Antwort war, mehrere Sinne einzuschalten, um Verknüpfungen zu schaffen, also zum Beispiel, passende Bilder verwenden für Herrn Ritter, dessen Gesicht ziemlich quadratisch wirkte und mich somit an die quadratisch-praktisch-guten Ritter-Sport-Schokoladetafeln erinnerte. Frau Schmidts Name konnte ich leicht in meinem Hirn verankern, denn sie hatte Hände wie ein Schmied, groß und voller Kraft beim Händeschütteln. Das ist nur ein Beispiel von zahlreichen Kreativitätstechniken, die man nutzen kann, um sich Namen einzuprägen.

Merken Sie sich Namen und beschäftigen Sie sich mit Techniken, dies zu erleichtern.

Danke

„Die Kultur des Herzens beginnt bei der Dankbarkeit"
Christa Meves

Im Allgemeinen fällt uns dieses Danke nicht schwer, die Kollegin hat uns einen Kaffee mitgebracht, der freundliche Mann bückt sich, um der Frau die heruntergefallenen Lebensmittel wieder einzusammeln. Danke, einfach und kurz gesagt. Weiter gefasst kommt ein Dankeschön seltener zur Anwendung, obwohl es doch recht einfach wäre, wenn wir den Menschen, mit denen wir unsere Zeit verbringen, mit denen wir arbeiten, die unsere Freunde sind, die für uns da sind, wenn wir sie brauchen, einmal ein explizites Dankeschön sagen würden. Warum haben Mutter-, Vater- und Valentinstage eine so hohe Konjunktur in unserer Gesellschaft? Müssen wir tatsächlich immer durch solche Anlässe daran erinnert werden, dass es einige Menschen in unserem Leben gibt, denen wir etwas zu verdanken haben?

Versuchen Sie ein unerwartetes Dankeschön, das nicht unbedingt einem Gefallen oder einer Tat folgt.

Willkommen

„Willkommen!" – welch eine schöne Begrüßung! Ein Wort, das in allen Sprachen vorkommt, in jeder Kultur vertreten ist. Es ist ein wunderbares Wort, das man nicht ohne ein warmes Lächeln über die Lippen bringen kann. Es muss ehrlich gemeint sein, sonst kommt es niemandem über die Lippen, da sind wir uns sicher. Deshalb wird es auch meist verstärkt durch ein: „Herzlich willkommen". (Ein „Hallo" kann dagegen in sehr vielen Varianten intoniert werden.) Erst nachdem ich die Dimension dieses Gedankens internalisiert hatte, konnte ich Nicolai mit einem freundlichen „Herzlich willkommen" die Tür öffnen, wenn er wieder mal morgens um vier Uhr zum Arbeitstreffen bei mir klingelte.

Ein herzlich ausgesprochenes Willkommen gibt uns ein Gefühl von Wertschätzung, Freude und manchmal fast schon ein Gefühl des Nach-Hause-Kommens, eben des Will-kommen-Seins. Mit einem „Herzlich willkommen" befriedigen Sie das Bedürfnis der Menschen nach Zugehörigkeit. Grund genug, es zum Ausdruck zu bringen, wenn wir uns freuen, diesen Menschen zu sehen.

Welcome – Bienvenue – Namaste

Bitte

Bitte, der freundliche Appell an den anderen, ein einfaches Wort, früh gelernt durch die sich immer wiederholende Aufforderung der Mutter: „Wie heißt das Wort mit zwei „t"?. Zu diesen Zeiten, den Bezugspersonen noch hilflos ausgeliefert, mutierte dieses Wort zum absoluten Muss: bloß nicht vergessen, nur immer dran denken. Überleben ist davon abhängig, bekomme ich doch sonst die Lakritze, den Kaugummi, die Bonbons nicht oder noch viel schlimmer: Wie sieht das mit Weihnachten aus?! Bitte und Danke – das waren in meiner Kindheit noch echte „Zauberwörter"!

Über die Jahre hinweg hat die Verinnerlichung längst stattgefunden, das Wort kommt ganz automatisch, ohne jegliche Anstrengung gleitet es über die Lippen. Es führt nicht mehr automatisch zur Erfüllung unserer Wünsche, denn die sind heute komplexer als noch in den Kindertagen. Den Sinn also nochmals hinterfragen, die tiefere Bedeutung und die Dimension beleuchten? Bitte ist bei vielen Menschen möglicherweise zu einem funktionalen Wort, das die Höflichkeit vorschreibt, verkommen. Geht es um den Zucker, den mir der andere bitte einmal zureichen soll, geht das auch klar. Betrachten wir aber, dass hinter dem Wort „Bitte" tatsächlich eine Bitte steht, sieht der Fall schon anders aus; dann geraten wir schnell in eine tiefere Dimension. Viele sind aufgewachsen mit Sätzen wie „Du musst immer stark sein, bei der Arbeit musst du dich immer durchkämpfen, das schaffst du schon alleine …". Deshalb fällt es manchem schwer, andere um etwas zu bitten. Dass um Hilfe zu bitten auch Verbundenheit und Nähe schaffen kann, erlebt nur der, der stark genug ist, anderen seine Schwäche zu zeigen und um Hilfe zu bitten.

Machen Sie sich bewusst, wie leicht oder schwer Ihnen ein(e) Bitte über die Lippen kommt.

Hilfe

Eine Kollegin in einem größeren Unternehmen legte eine besondere Art des Hilferufs an den Tag. Weniger durch ein deutlich artikuliertes: „Hilfe, ich weiß nicht mehr weiter!" oder „Hilfe, ich gehe in meiner Arbeit unter und verliere den Überblick!" drang der Hilferuf zu den Kollegen durch, sondern eher auf subtile Art und Weise: irres Umherrennen, ein überladener Schreibtisch, auf dem nichts mehr zu finden war, hektische Telefonate, genervte Reaktion auf Anfragen von Kollegen, Kunden und Chefs – bis hin zum endgültigen Zusammenbruch: Rückzug, Weinen, Verzweiflung. Die Verantwortung schob die Kollegin dem System zu, das sie ausbeute und überlaste.

Das Wort „Hilfe" birgt einen deutlichen Appell in sich, der auf der ganzen Welt verstanden wird. Im „SOS"-Ruf wurde das Hilferufen universal gefasst, und jedes Kind weiß, was diese drei Buchstaben zu bedeuten haben. Es gibt sogar rechtliche Verpflichtungen zur Hilfeleistung, bzw. kann unterlassene Hilfeleistung angeklagt werden. Wir gehen davon aus: Jedem Menschen ist die Grundbereitschaft, helfen zu wollen, gegeben. Für manche Menschen wird es sogar zum Lebensinhalt, und in einigen Sozialberufen spricht man gar vom krankhaften „Helfersyndrom". Es gibt die Auszeichnung für „Kavaliere der Landstraße", aber es gibt auch immer mehr Menschen, für die Hilfe zu leisten nicht selbstverständlich ist. Die Angst um die eigene Haut ist ihnen näher als die menschliche und moralische Verpflichtung zu helfen. Ist Helfen-Wollen also nicht angeboren, sondern eine Eigenschaft, die wir durch Nachahmung und Erziehung lernen? Das ist sicher so, aber Hilfe zu leisten wird meist positiv erlebt, weil es auch beim Helfenden die Grundbedürfnisse nach Zugehörigkeit, Anerkennung und Sicherheit befriedigt. Insofern ist das Bitten um Hilfe ebenso wie das Anbieten von Hilfe im Sinne der Kraft des Wortes sehr wirkungsvoll.

> *Um Hilfe bitten und Hilfe anbieten schafft Solidarität.*

Darf ich Sie um Rat bitten?

Wer fühlt sich nicht geschmeichelt, in seiner Persönlichkeit und Kompetenz erkannt, wenn er so angesprochen wird? Diese Worte vermitteln ein Gefühl von Selbstwert, von Überlegenheit, von Souveränität. Der andere sucht meinen Rat, weil er davon ausgeht, dass ich mehr weiß oder über eine größere Erfahrung verfüge als er.

Hier ergibt sich wiederum eine Situation, aus der zwei Gewinner hervorgehen: Sie bekommen Ihren Rat oder zumindest eine andere Meinung, einen anderen Blickwinkel zu einer Sache, Ihr Berater bekommt Anerkennung.

> *Wann haben Sie sich zum letzten Mal Rat geholt oder jemandem das Gefühl gegeben, dass Ihnen seine Meinung wichtig ist?*

Lob

Gefährlich, gefährlich … hatte ich doch als kleiner Junge, nachdem ich meinen ersten Witz erzählt hatte, so viel Lob erfahren, dass es mich in meinem Bestreben nach weiterer Anerkennung bestärkte, mir noch mehr Witze zu merken, sie mit verstärkter Dramaturgie zu erzählen und meine Erzählfertigkeiten zu perfektionieren. Heute erzähle ich immer noch gerne Witze, diese Kunst ist mir nicht verloren gegangen. Und vielleicht liegt ja in dieser Episode, in dieser Ermutigung, mein Interesse an der Rhetorik begründet?

Die Geschichte zeigt uns, dass ein aufrichtiges Lob zur richtigen Zeit enorme Veränderungen nach sich ziehen kann. Es kann die Gabelung an einer Kreuzung des Lebensweges bedeuten und Potenziale im Menschen frei werden lassen, die sonst vielleicht nie zu Tage getreten wären. Als Eltern, Erwachsene, Vorgesetzte, Manager, Kollegen, Mitarbeiter, Trainer haben wir die Verantwortung dafür, die Potenziale anderer zu fördern, und ein sehr wirkungsvolles Werkzeug hierzu ist eben das Lob.

Nehmen Sie sich deshalb vor, täglich jemanden zu loben. Wir wissen, auch das ist nicht einfach, da bewusste Kommunikation im Alltag oftmals untergeht. Mein Trick, mich daran zu erinnern, ist, an manchen Tagen meinen Schlüssel in der rechten, meinen Geldbeutel in der linken Hosentasche zu tragen, also genau anders herum wie gewöhnlich. Greife ich dann in die linke Hosentasche, um meinen Schlüssel herauszuholen und stoße dabei auf den Geldbeutel, dann weiß ich wieder, dass ich heute noch niemanden gelobt habe. Es gibt immer Gelegenheiten, und ich musste bisher niemals etwas loben, das es nicht wert gewesen wäre. Übrigens, dies würde ich auch nicht tun, denn: Es gibt immer eine positive Sichtweise!

Es müssen keine großen Taten oder besondere Leistungen sein, für die wir einen anderen loben.

Titel

Wir alle wissen es, wir alle sehen es, wir alle erkennen die Zusammenhänge! Während das Auto (meiner hat mehr PS als Deiner), aufgrund von Umweltverschmutzung, Benzinpreis, Staus etc. mehr und mehr als vernünftige Grundlage zur Selbstdefinition des Mannes in den Hintergrund gerät, ist es notwendig, Substitute zu finden.

Konnten doch meine Freunde und Bekannten in meiner Jugendzeit noch schneller (als es die physikalischen Grenzen zuließen) von A nach B oder auch um bestimmte Kurven fahren. Ich erinnere mich gut an diese Erzählungen ... unmittelbar, nachdem ihnen die Keule abhanden gekommen war, musste das Auto herhalten.

Substitute, die dem „Mann" der heutigen und zukünftigen Gesellschaft eine Basis für sein Selbstwertgefühl bieten. Was läge da näher als der Manager-Titel? Da wird aus dem Verkäufer der Customer Support Manager, aus dem Lastwagenfahrer der International Distribution Manager, aus demjenigen, der die Gehaltsabrechnungen ausdruckt, der Payroll Development and Coordination Manager und schließlich aus dem Pförtner der Front Door Inspection Manager.

Die ehemaligen Manager, vertrieben aus ihrer Domäne, werden kurzerhand einfach zum Vice President oder Director of „what hell" auch immer gemacht.

Niemand versteht zwar mehr, was sie tun, aber macht ja nichts ...

Hauptsache, das Ego ist befriedigt.

7. Conclusio

- *Der Sieger in der Kommunikation kennt keine Verlierer. Arbeiten Sie immer an Win-Win-Lösungen.*
- *Kommunikation ist der wichtigste Begleiter der Veränderung.*
- *Verhaltensänderungen brauchen ihre Zeit. Säen Sie Ihre Gedanken deshalb früh und stetig.*
- *Die Methodik des Fragens ist auch weit über die Kindheit hinaus interessant. Wer fragt, führt, lernt und verändert.*
- *Gezielte Selbstkommunikation ist eine Möglichkeit, eigene Gedanken und Verhaltensmuster positiv zu gestalten und zu verändern.*

Übernehmen Sie Verantwortung für die Sprache mit sich selbst.

NACHWORT

E s geht um die „Neue deutsche Sprache", ein Phänomen unserer Zeit (nein, wir meinen nicht die „Neue deutsche Rechtschreibung"!), das uns täglich auf den Straßen begegnet. Und wir wissen ja: Heute ist es noch Straßenjargon, morgen bereits Literatur. Und deshalb wollen wir auch nicht unberücksichtigt lassen, was vielleicht schon bald den literarischen Standard mitprägen wird.

Die „Neue deutsche Sprache" beschert uns Wortkreationen, die es wert sind, erwähnt zu werden. Im Besonderen möchten wir diese – natürlich im Sinne von: *Die Kraft des Wortes/Entdecken Sie die Möglichkeiten der Kommunikation und sprengen Sie die Grenzen* – beleuchten. Unsere Schlussbetrachtung wird diese sprachliche Erscheinung der letzten Jahre nicht erschöpfend abdecken und erhebt demnach keinen Anspruch auf Vollständigkeit. Allerdings stellt die von uns getroffene Auswahl ein Potpourri modischer Kreationen dar, die uns besonders ins Auge (und ins Ohr) fielen, während wir an diesem Buch schrieben.

Im Sinne der kulturellen Verbundenheit mit unseren Mitbürgern, die aus anderen Ländern zu uns gekommen sind, ist zu erwähnen, dass diese keinen unerheblichen Beitrag zur Erweiterung bzw. Entstehung des „Neuen deutschen Wortschatzes" haben. Auch die Jugendlichen unter uns wollen wir wohlwollend erwähnen, sind es doch insbesondere sie, die ohne den Ballast von Traditionen und Regeln ihrer Kreativität freien Lauf lassen und dabei täglich – gleich einem schöpferischen Erguss – neue Wörter erfinden und prägen (ohne der existierenden Vokabeln mächtig zu sein – aber das ist ein anderes Thema).

Der Dialog im Einkaufszentrum

▨ „Hey Alder, kanns Du mir mal kongred sagen wo…"
▨ „Klar Du eyyh! Des is voll grasss hier eyyh."

Sprache ist Mittel zur Abgrenzung oder Miteinbeziehung.
Sie wird als Werkzeug und Ausdrucksmittel einer pubertierenden Generation genutzt, indem Worte in den Alltag integriert werden, die vor nicht allzu langer Zeit noch jedem die
Röte hätte ins Gesicht steigen lassen: „Das is doch *geil eyyh*",
ergänzt durch das adverbial benutzte Adjektiv – ursprünglich eher zur Messung des Wasserstandes verwandt – „voll".

> *Der Gebrauch gruppenspezifischer rhetorischer Stilelemente*
> *erlaubt ein Gefühl der Zugehörigkeit und erhöht die*
> *Wahrscheinlichkeit gegenseitiger Verständigung:*
> *„Voll geil, voll grass, voll gud, eyyh super eyyh."*

Alles Gute kommt von drüben…

Weitere, im Rahmen der Internationalisierung direkt aus
den USA importierte Elemente ergänzen das Repertoire. In
früheren Zeiten wurden diese Wendungen zwar eher als
scharfe Beschimpfungswaffen genutzt, aber da zeigt sich
doch wieder sehr deutlich, dass Sprache ein dynamisches,
ständigen Veränderungen unterliegendes Medium ist (Vergleiche die „Neue deutsche Rechtschreibung"!) Die besagten
Importwaren können Sie nun getrost als Untermauerung, als
Ergänzung oder einfach auch nur als Aufforderung verwenden und damit jedes Gespräch bereichern: „fukkin good
eyyh".

> *Fuck U!*

Analogien

Mindestens ein ebenso hohes Maß an Kreativität, wie in den Wortkreationen vorzufinden ist, tritt in der Verwendung der Analogien zu Tage. Diese schon teils älteren Zustandsbeschreibungen bringen meist einen bestimmten Grad der Verwunderung, der Empörung oder generell einen emotionalen Kommentar zum Ausdruck. Sie sollten in keinem jung gebliebenen und modern gehaltenen Sprach-Koffer fehlen, dienen sie doch im täglichen Gebrauch der unmissverständlichen Bewertung unserer Mitmenschen. Somit sind sie ein wichtiges Werkzeug, um unsere Ziele zum Ausdruck zu bringen und Konfliktsituationen konstruktiv und respektvoll zu meistern:

„Du hast doch einen an der Waffel!"
„Du tickst doch nicht richtig!"
„Du hast doch ein Rad ab!"
„Dir brennt doch der Kittel!"

Vier Analogiekreationen mit ein und derselben Kernaussage: „Du hast doch nicht mehr alle Tassen im Schrank!" – Doch wer ist schon so spießig und legt heutzutage noch Wert auf ein vollständiges Sammeltassensortiment …

Halten Sie immer einige passende Beschreibungen bereit, um Ihre Mitmenschen zu tadeln. Nutzen Sie Analogien, die einfach und verständlich sind.

Simplifizierungen

„Was Du wolle?" „Wo Du wolle?"
    Prägnanz in der Sprache durch die Reduktion aufs Maximum? Maximum im Sinne von: auf den Punkt bringen. Alternativ erscheint die Frage: „Was wünschen Sie?" oder „Wie kann ich Ihnen weiterhelfen?" als ausschweifend, als geradezu ausladende Anmache des Gegenübers. „Hä?" als Alterna-

tive zu: „Wie bitte?" Oder auch ein „Ahhhaaaaa!" als Substitut für: „Ich habe genau verstanden, was Sie gesagt haben (mir geht das auch so)!".

Im Sinne der Kraft des Wortes lässt sich zusammenfassend feststellen: Die „Neue deutsche Sprache" hat Ihre Berechtigung und ihre Anwendungsgebiete. Wenn auch (noch) nicht in der Literatur, so können Sie sich vorstellen, dass auch im Büro so mancher trockene Wortwechsel mühelos aufgefrischt werden kann. Sagen Sie doch nächstes Mal Ihrem Kollegen oder Chef: „Ei Alder, Dir brennt doch der Kittel, eyyh fuckyuu?!"

> *Kultivieren Sie Ihre Sprache und Ihren Wortschatz! Ihre Kommunikation ist die Schnittstelle zu allen anderen Menschen und entscheidet darüber, wie Sie andere verstehen und von anderen verstanden werden.*

Danksagung

Im Kapitel „Kraftvolle Worte und Sätze des Alltags" plädieren wir für eine neue Dank-Kultur. Dass besonderen Worten besondere Kraft innewohnt, ist Ihnen in diesem Buch von uns nahe gebracht worden. Deshalb gilt unser **besonderer Dank** den Menschen, die am meisten unter der Entstehung dieses Buchs gelitten haben: Eva-Maria und Sabine, die uns entbehren mussten, alleine im Kino saßen, alleine zur Eheberatungsstelle gehen mussten und alleine Kinder kriegen mussten, während sich „ihre Männer" partnerschaftlicher Zweisamkeit erfreuten. Beide sind leidgeprüft und dennoch guten Mutes geblieben. Eva-Maria ging sogar soweit, Nicolai zu heiraten, trotz seiner Ankündigung, auch weiterhin mit mir zusammenzuarbeiten. Eva-Maria, danke, irgendwie bist Du ja nun auch mit mir verheiratet. Sabine, ich hoffe, Du weißt, auf was Du Dich eingelassen hast. Vielleicht ist der Gedanke tröstlich, dass es nicht mehr (viel) schlimmer kommen kann. Danke für Euer Verständnis und Eure Begleitung.

Für die inhaltlichen Beiträge die wir während des Schreibens von unseren Freunden, Bekannten, Trainingsteilnehmern und Verwandten bekommen haben, ebenfalls Dank. Dank insbesondere an meinen Bruder Wolfgang für seine guten Fragen, die uns immer wieder auf den Boden der Tatsachen zurückgeholt haben, an meinen Schwager Herbert als Partner für bereichernde und intensive Gespräche. Dank auch an meine Freunde Richard Strunk und Tejan Jansen, die darauf warten, dass unsere Bücher endlich übersetzt werden. Dank an meinen früheren Chef und Freund Arno Weida, der immer ein Ohr für mich hatte, an meinen Freund Hans-Otto Wilke, der nie müde wurde, mir nächtelang in meinen Gedankengängen zu folgen. Besten Dank den vielen Leserbriefen, die wir als Reaktion auf „Die Sprache der Sieger" bekommen haben. Ich hoffe, Sie werden feststellen können, dass wir uns bemühten, so manche Anregungen und Ideen mit einzubauen. Und auch Dank an viele Unbekannte, die bei diesem Buch Modell standen, ohne es zu wissen – Beobachten und Zuhören sind manchmal wirklich wichtiger, als zu sprechen. Ohne unsere Agentin Ingrid Anna Kleihnes und Andrea Bußemeier, Lektorin des mvg-verlags hätte dieses Buch nicht entstehen können. Merci.

Außerdem herzlichen Dank den Lesern unserer Bücher, denen wir zahlreiche Anregungen, die uns inspiriert haben, weiterzudenken und weiterzufragen, verdanken. Dadurch waren wir motiviert, auch so manchen langwierigen Denkprozess zu Ende zu bringen. Dank auch den Firmen und Organisationen, die über Vorträge und durch Seminare noch mehr über „Die Sprache der Sieger" erfahren wollten.

Und ein besonderer Dank gilt dem Aufsichtsratsvorsitzenden der Hewlett-Packard Deutschland GmbH, J. Menno Harms, der durch seinen Beitrag, dem Vorwort zu diesem Buch, die Wichtigkeit unterstreicht, die „Kraft des Wortes" zu nutzen.
Vielen Dank.

Rolf-Michael Hahn
Nicolai Stickel

Kontaktadresse:

Rolf-Michael Hahn
Freiburger Allee 68
71034 Böblingen

E-Mail:
Rolf-Michael.Hahn@t-online.de

LITERATURVERZEICHNIS

Beckwith, Harry: The invisible Touch/The four keys to Modern Marketing. Time Warner Audio Books

Berne, E.: Was sagen Sie, nachdem Sie „Guten Tag" gesagt haben? Frankfurt/Main 1983

Berne, E.: Spiele der Erwachsenen. Reinbek 1997

Bierach, A.: Körpersprache erfolgreich anwenden und verstehen. München 1996

Carnegie, D.: Wie man Freunde gewinnt. München 1995

Carnegie, D.: Besser miteinander reden. München 1997

Conen, H.: Die Kunst, mit Menschen umzugehen. Augsburg 1999

Covey, S. R.: Die sieben Wege zur Effektivität. Frankfurt/Main, New York 1997

Ebeling, P.: Rhetorik – der Weg zum Erfolg. München 1990

Feldmann, C./Kornfield, J. (Hg.): Geschichten, die der Seele gut tun. Freiburg 1998

Fischer, Roger & Ury, William: Getting to Yes/Negotiating an agreement without giving in. Random House Business Books

Grün, Anselm: Menschen führen – Leben wecken/Anregungen aus der Regel des heiligen Benedikt. Vier Türme Verlag, Münsterschwarzach

Hahn, R.-M., Stickel, N.: Richtig miteinander reden. Landsberg/Lech 1999

Hahn, R.-M., Stickel, N.: Gut gefragt ist fast gewonnen. Erfolgreiche Fragetechniken für Beruf und Privatleben. Reinbek 2000

Harris, T. A.: Ich bin o.k., du bist o.k. Reinbek 1997

Harris, A.B., Harris, T. A.: Einmal o.k., immer o.k. – Transaktionsanalyse für den Alltag. Reinbek 1997

Herrhausen, A.: Denken, Ordnen, Gestalten. Reden und Aufsätze. Berlin 1991

Jacobson, B., Kettelhack, G.: Hör mir doch endlich mal zu. Für eine bessere Kommunikation in der Partnerschaft. Hamburg 1997

Langer, I., Schulz von Thun, F., Tausch, R.: Sich verständlich ausdrücken. München 1993

Lewicki, R. J., Hiam, A., Olander, K. W.: Think before you speak. New York 1996

Mackay, H.: Warum hörst du mir nie zu? Zehn Regeln für eine bessere Kommunikation. München 1997

McCormack, M. H.: McCormack on Negotiating. London 1996

McCormack, M. H.: Die Schule der Kommunikation. Frankfurt/Main, New York 1998

Moeller, Michael Lukas: Die Wahrheit beginnt zu zweit/Das Paar im Gespräch. rororo

Mohler, A.: Überzeugend reden, erfolgreich verhandeln. München 1977

Mohler, A.: Die einhundert Gesetze produktiven Denkens und Handelns. Frankfurt/Main 1991

Mohler, A.: Die einhundert Gesetze erfolgreicher Verhandlung. Frankfurt/Main 1991

Mohler, A.: Die einhundert Gesetze überzeugender Rhetorik. Berlin 1996

Muriel, J., Jongeward, D.: Spontan leben. Reinbek 1997

Neuberger, Oswald: Führen und geführt werden. Stuttgart 1996

Neuberger, Oswald: Mobbing. Übel mitspielen in Organisationen. Stuttgart 1995

Oppermann, K., Weber, E.: Frauensprache, Männersprache. Landsberg/Lech 1997

Pawlowski, Klaus/Riebensahm, Hans: Suggestion/Konstruktiver Umgang mit einer verborgenen Macht. rororo

Rebel, G.: Mehr Ausstrahlung durch Körpersprache. München 1997

Schulz von Thun, F.: Miteinander reden 1, 2, 3 Reinbek 1998

Tannen, D.: Das hab' ich nicht gesagt: Kommunikationsprobleme im Alltag. München 1994

Tannen, D.: Du kannst mich einfach nicht verstehen. Augsburg 1997

Tannen, D.: Andere Worte, andere Welten. Kommunikation zwischen Frauen und Männern. Frankfurt/Main, New York 1997

Tannen, D.: Job-Talk. Wie Frauen und Männer am Arbeitsplatz miteinander reden. München 1997

Watzlawick, Paul: Anleitung zum Unglücklichsein. München 1983

Zehetner, R.: Ich muß bei mir selbst beginnen. Wien, Heidelberg 1995

STICHWORTVERZEICHNIS